近代日本における

民衆による闘争の歴史

中島　武久

目　　　次

はじめに

日本においては、開国を求める米欧からの圧力及び民主化を求める当時の国内勢力がもたらす圧力に屈し、慶応３年（１８６７年）１０月１４日、徳川幕府の第十五代将軍であった慶喜公が、京都の二条城において大政奉還を宣下したことによって、これを受け、翌年（明治元年）３月に、天皇を祭主とする新体制が発足、それによって王政復古（天皇を中心とする新政府の樹立）の大号令（五箇条のご誓文）が発せられたのであります。

　封建体制を脱した日本は、新たに太政官制を制定し、その新政府によって、江戸は東京と改称されることになりました。一方、それまでの幕藩体制における拠点であった江戸城が、新政府に明け渡されたことによって、以降この地は、天皇が住まわれる皇居とされることになったのであります。その間における当時の新政府の主体は長州藩、薩摩藩及び土佐藩の出身者であって、その中心にいたのが薩摩藩士の西郷隆盛たちでありました。また、一方の幕府側を代表したのが、当時の軍艦奉行であった勝海舟たちであります。したがって、この江戸城明け渡しに関する交渉は、この西郷隆盛と勝海舟とによる、一騎打ちとも言える熾烈な駆け引きによって決定したものであります。

　しかしながら旧幕府側にあった要人の中には、例えば会津藩主であった松平容保のように、新政府軍に抵抗したため会津城下に攻め込まれ、その戦闘において捕えられた人や、軍艦奉行の榎本武揚のように、函館の五稜郭において武力をもって新政府軍側に抵抗したために、一旦捕えられて投獄されたものの、その後に復活を果たし、新政府内において北海道開拓使を始めとする数々の要職を務め、国政の場において活躍したような人物もいます。

また、同じ新政府の内部であっても、薩摩藩出身者の西郷隆盛と大久保利通との間で消し得ない軋轢が生れ、その結果、西郷が新政府から退去することになり、これが主な端緒となって西南戦争が引き起こされはしたものの、結局のところ、大砲等の武力に勝る新政府軍に押され、その結果、田原坂（熊本市内）の戦いによって劣勢に陥った薩摩軍が、その後の西郷の自決によって壊滅状態にされてしまったと言うこともあります。

　さて、政治の中央集権化を急いだ大久保利通らが率いる新政府においては、江戸時代における国土統治の基礎であった、それまでの幕藩体制を改め、各地域を府県別の区分に改めることとし、その各府県にそれぞれ知事を任命して、行政上の権限を与えることとしました。これがいわゆる廃藩置県です。
　また、新政府は地租に関する改正を行い、それまでの年貢米による納入に代え、それぞれの地主が持つ土地の地価の約３％を租税として、現金を徴収する制度に改めることにしました。しかしながら、この地租改正は、安定した現金収受の確保方法に成功したと言う面で、新政府の側では極めて有意義であったものの、一方の農民側にとっては豊作・不作を問わず徴収されると言う点において、極めて負担増とも言うべき地租改正であったために、その結果として日本の各地域において、この地租改正に伴う反対一揆が次々と勃発して行ったのであります。

　一方、この時代には、近代化が進む欧米諸国に見習うべく、海外の政治制度や殖産興業の実態の把握を目指し、政府による海外視察

が行われました。その結果、横須賀造船所及び富岡製糸場の建設と言った産業基盤の整備、あるいは鉄道の敷設や水力発電所の建設と言った、国民の生活向上に密着した社会基盤の整備が一気に進むことになったと言う訳であります。

　しかし同時に、個人が自分の考えを公に主張すると言う自由民権の意識が高まりを見せて、この時代においては、地方の農民等による民権運動がより一層顕在化して行き、日本の各地において過激な運動が展開されるようになりました。その結果、一方でこれを弾圧すべきとする治安維持勢力との間での権力抗争が、より一層激化する様相を見せて行ったのです。

　このような時々の時代的背景を背にして、本書の中で逐次解説するように、日本においては、その時代その時代において、各地にていくつもの過激な民権運動、あるいは公安問題に係わる紛争などが展開されて行ったのであります。また、それらへの意気込みの大きさと、その結果との相関関係のあり方が影響し合った結果、その後においては、さらに成田空港建設反対運動あるいは沖縄基地反対運動と言ったような極めて政治的な課題での闘争、あるいは公害問題に関する闘争、原子力発電所の建設に関わる反対闘争等々が、次々と繰り返されることになったのであります。

第1章　　不平士族等の反乱

その1　神戸事件

1　事件の概要

　この事件は、慶応4年（1868年）1月11日に、神戸の三宮神社前において生じたもので、備前藩（現・岡山県）の兵士が行軍している最中に、その隊列を横切ったフランス人らの水兵らに兵士側が武器で制止に入り、彼らを負傷させると言う事態が生じてしまいました。その結果、これを端緒として、事態が広がって銃撃戦にまで発展してしまい、その結果、外人居留予定地を検分中であった欧米諸国の公使に対してまで、水平射撃が加えられたと言う事情のものであります。

2　事件の背景とその後の推移

　事件直前の、慶応4年1月3日に戊辰戦争が始まったことを受けて、明治政府は備前藩に対して摂津西宮（現在の西宮市）の警備を命じました。そのため備前藩では2千人の兵を出立させ、そのうちの数百人が大砲を伴って陸路を進みました。
　ところが、兵庫港（現・神戸港）開港に伴い、外国人との衝突を避けるためとして、徳川幕府がわざわざ迂回路を整備していたにも拘わらず、隊列は西国街道をそのまま進行したために、居留地側の外国人と遭遇すると言う事態を招き寄せてしまい、その後に起きる

事件を誘発してしまう、切っ掛けを作ってしまったのでした。

　１月１１日の午後１時過ぎに、備前藩兵士の隊列が二宮神社近く
に差しかかった際に、前述の通り、フランス人の水兵２人が行列を
横切ろうとしたのを見た、第３砲兵隊長の滝善三郎が武器をもって
制止に入ったものの、しかしながら、その意思が通じず、水兵らが
引き続き強引に横切ろうとしたために、滝は止むを得ず槍をもって
彼らを制し、その結果、軽傷を負わせてしまうと言う事態が生じて
しまいました。

　これに対し、水兵の数人が宿舎から拳銃を持ち出して、逆に威嚇
の姿勢をとったのであります。これを見た滝善三郎が大声で叫んだ
ことが発報命令と受け止められ、藩兵側が発砲を開始したために、
ついに、双方による銃撃戦へと突入したのであります。しかしなが
ら、結果的に、弾丸は頭上を飛び越えただけであって、双方ともに
この銃撃戦による負傷者はおらず、結果的に、建物等に対する多少
の被害が生じた程度で終了するに至りました。

　しかしながら、事件の現場に居合わせたイギリス公使は、この事
件に激怒し、折しも兵庫（神戸）港の開港を祝って集まっていた各
国の艦船に対して事態を通告したために、港側での雰囲気は、一時
的にせよ緊張感に包まれたものとなってしまいました。

　また、この時点においては、朝廷の側は、諸外国に対する政治的
な渉外に関する権限を明治政府側に移譲していなかったために、急
遽、１月１５日に政権の移譲を表明し、これによって東久世通嬉が
代表になって、この問題の取扱いについて居留地の外国側との交渉
を開始したのであります。

3　事件の結末

　この神戸事件は、大政奉還を経て、明治の新政府に代わって以降における初の外交案件でありました。そして、結果的に、列強諸国に押し切られる形で事件関係者への制裁が行われて、結局、事件の現場において部下に発砲命令を発した、砲兵隊長の滝善三郎一人を切腹、また、備前藩の部隊を率いた責任者に対して謹慎を課すことによって、決着を付けたのであります。

　そして、これを機として、明治政府と言う存在が、対外政策に関する外交問題の交渉に臨む日本の正当な政府であることを、諸外国に対して明確に示したのであります。

その2　長州藩脱隊騒動

1　騒動の概要

　明治2年（1869年）6月に施行された版籍奉還により、それ
まで長州藩（現在の山口県）の占有地であった石見国（現在の島根
県）の浜田と、豊前国（現在の福岡県）の小倉が石見国へ返却され
ることになると、藩知事の毛利元徳は、藩の収入減を理由にして同
年11月に藩政改革を断行しました。その内容とは、奇兵隊を含む
長州藩の諸隊5千余名を御親兵四大隊の2千余に再編成し、残りの
3千名弱を、論功行賞もなく解雇すると言うものであります。そし
て、この施策の実施によって、各地を転戦し、その職務を全うして
きたところの、主に平民出身の諸隊士らがいずれも失職を余儀なく
されてしまったのであります。

　さらにまた、この事態を端緒として、その後すぐに、残る旧奇兵
隊の幹部及び諸隊士らの精鋭、総員千百人余りの者が、引き続いて
脱隊すると言う騒動を起こすに至りました。

　そして明治3年（1870年）1月13日になると、脱退した元
の諸隊士らは、現在の島根県石見地方を管轄する浜田裁判所を襲撃
し、翌日には山口藩の議事庁舎を包囲して、これに対して交戦した
御親兵隊を撃破する一方、この事態に気付いた付近一帯の農民たち
が一揆を組んで合流するなどした結果、山口藩の議事庁舎は、総勢
千8百人もの規模で包囲され続けると言う、異常な事態になってし
まいました。

2 騒動のその後の推移

　結局、この騒動の鎮圧にあたったのは、その時点では東京にいた木戸孝允（桂小五郎のこと）であって、彼は直ちに帰藩し、藩知事の指図の下で、長州藩の常備兵３００名に加え、他藩からの応援の兵５００名を得て、総勢８００名を得てこの騒動に対して指揮者として対峙し、その後、紆余曲折を経ながらも、ようやくその事態を鎮圧したのであります。

　この一連の騒動によって、人的被害については、戦死者が８０名（脱隊軍が６０名、討伐軍が２０名）、負傷者が１３７名（脱隊軍が７３名、討伐軍が６４名）に上りました。

　また、この騒動の激震地に近かった防府市内の天徳寺においては、社殿が消失するなどの被害が発生しました。

　この騒動においては、首謀者と見做された大楽源太郎に対し治安当局から出頭命令が下りました。彼自身がこの騒動に直接的な関与をしていた訳ではないのですが、それにもかかわらず首謀者とされたのは、自身が進めて来た、文明開化及び富国強兵と言う政治的な路線自体が、この騒動において原因をなしたとされたからであります。そして、身の危険を察知した大楽自身は、結局、その後九州に逃げ、その地において引き続き政府の打倒を画策しました。

　しかしながら、尊攘思想が高かった久留米藩への応援を頼った際に、自藩への飛び火を恐れた久留米藩の隊士によって、大楽は処断されてしまったのであります。

3 その後の長州藩の動向

　同じ長州藩の出身者でありながら、その立場上、規律と財政とを
重視して行かざるを得ない総裁職顧問の木戸孝充に対して、かって
千城隊頭取として北越戦争にて諸藩と共闘したことのある、参議の
前原一誠は、諸隊士の解雇及び脱隊者の討伐に反対し、木戸と対立
したとされ、その結果、要職を辞して下野しました。そして、彼は
千城隊の隊員を率い、その後にいわゆる萩の乱を起して鎮圧され、
斬首刑に処されてしまいました。

その３　赤坂喰違の変

１　事件の背景

　明治６年（１８７３年）１０月に政府内で起きた、いわゆる征韓論争に敗れた征韓派参議の西郷隆盛・江藤新平・板垣退助らが一斉に下野したことは、征韓論に期するところのあった不平士族らにとって、一層の不満を高めるところとなりまた。とりわけ、急病によって一線を退いた太政大臣三条実美に代わり、その論争を主導してきた右大臣の岩倉具視や、内務卿の大久保利通に対する恨みと言うものは、その後、次第に増幅されていったのであります。

２　事件の概要

　明治７年１月１４日の夜、公務を終え、赤坂の仮皇居（前年の火災により赤坂離宮を皇居としていた）から退出して自宅へ帰る途中だった右大臣岩倉具視の乗る馬車が、赤坂の喰違（くいちがい）坂に差し掛かった際、そこに隠れていた襲撃者たちが一斉に岩倉具視に対して襲いかかったのであります。
　岩倉具視は、襲撃者による攻撃によって、眉下と左腰に軽い傷を負ったものの、皇居の四ツ谷濠へ転落したことで襲撃者たちが岩倉の姿を見失ったために、その一命を取り留めるに至りました。
　しかしながら、岩倉具視が受けた精神的な動揺は大きく、公務に復帰できるようになるまでに、その後、およそ一カ月の療養期間を

要する結果となってしまいました。

3　襲撃者たちの処分

　事件の知らせを受けた内務卿の大久保利通は、直ちに西郷従道と共に参内しました。そして岩倉卿が軽傷であったと知り、ひとまず安心するものの、不平士族による政府高官の襲撃と言う事態を重く見た大久保卿は、直ちに警視庁大警視の川路利良に対し、早急なる犯人捜査を命じたのであります。

　そして、事件の３日後の１月１７日には、これに関わったとされる総勢９名の者が拘束されました。

　その結果判明したのは、襲撃者たちはいずれも高知県出身の士族で、もと外務省に出仕していた武市熊吉の他に、武市喜久馬、山崎則雄、島崎直方、下村義明、岩田正彦、中山泰道、中西茂樹、沢田悦弥太、の総勢で９人もの人数に上りました。そのいずれもが西郷隆盛や板垣退助に従ってその職を辞した、元官僚や軍人たちでありました。

　そして、同年７月９日、司法省における臨時裁判所において、この事件に係わった者全員が斬罪の判決を受けて、伝馬町の牢屋敷にて処刑されてしまったのであります。

その4　佐賀の乱

1　事件の背景

　佐賀の乱は、明治7年（1874年）2月に、前参議で征韓党員の江藤新平と、憂国党の党首である島義勇らをリーダーとして佐賀の地において引き起こされた、明治政府に対する士族反乱の先駆けの一つであります。

　もともと、この頃の佐賀の地は、征韓論を奉じる反政府的な政党の他に、保守反動的な政党が結成されるなどして、その政情は極めて不安定なものでありました。また、この年、佐賀地方では干ばつと台風の影響による不作で米価が高騰したために、小作地をめぐる嘆願運動が生じるなど、社会的な不満が充満していました。その中で、島義勇が率いる憂国党に属するところの士官が引き起したところの、官金預かり業者との間の単なる騒動がその発端ではあったものの、そのことが電報にて直ちに内務省に通知された結果、事件発覚の3日後には、政府は熊本鎮台司令長官に対して佐賀士族鎮圧の命令を下したのであります。実は、このことが佐賀の乱の第一歩になったと言う訳であります。

2　事件の概要

　この事件は、不平士族による反乱と言う性格のものであり、その様相は、佐賀城下及び佐賀各地での攻防戦にまで展開された、明治

維新後初の大規模な内戦と言うべきものでありました。しかしながら、既に運用が始まっていた電信による情報伝達能力と、蒸気船による人物両面での輸送能力と速度とが活用され、かつ、当時における政府側の非常に素早い対応が功を奏することによって、その事態は激戦を経た後のことではありましたが、中央政府が誘導した方針の下で、ようやく鎮圧されるに至ったのであります。

　この乱を率いた二人のうち、江藤新平は政府内における征韓論争問題で下野した征韓党の前参議でもあり、一方の島義勇は、以前は侍従を務め、秋田県権令でもあった憂国党の党首であって、そもそもは不平士族たちをなだめる目的のために、それぞれ佐賀に派遣されたのでありますが、しかし、朝鮮半島への進出に意欲的な征韓党と、より一層反動的な憂国党とは、もともと国家感が大きく異なる政党同士であって、そりが合わない間柄であることも相俟って、お互いの主義主張を共有するようなことが出来ない、異端なる間柄なのでありました。そのため、両党の司令内容には常に明らかな差異があって、元来、双方が協調して行動すると言うようなことは少なかったのであります。

　この乱において佐賀軍が繰り出した総兵数は、詳しくは判明していないものの、騒乱後に行われた裁判で赦免になった人も含めると約１万１千人程度になると推定され、明治５年の版籍奉還時に提出された佐賀藩士の総数が、およそ１万４千人程度であったことを考えると、実に多くの藩士がこの乱に加担したのだと考えられます。また、この乱においては戦死者が２百人近くに上りました。

3　事件のその後の展開

（1）事件前の政治情勢

　征韓論をめぐる明治6年の政変によって、政治の中央を追われた江藤新平は、太政官より発せられた「東京に滞在すべし」の命令を無視する姿勢を貫き、この時、すでに佐賀に帰省途中にありました。それは、この当時すでに佐賀においては、征韓論を奉じる反政府的な政党と、封建主義への回帰を目指す保守反動的な政党が結成されるなど、その政情が極めて不安定であって、その問題に中央の政府から目が付けられていることを、承知していたからでした。

（2）事件の発端と初期の対応

　そのような情勢の下で、明治7年2月1日、憂国党に属する官吏が官金預かり業者の店舗に押しかけ、その結果、店員らが逃亡すると言う事件が発生し、これが引き金となって政党全体を巻き込んだ騒乱が引き起こされてしまったのでした。そして、そのことが電報によって直ちに内務省に通知された結果、2月4日、政府（大久保利通内務卿）は、この事件に呼応して佐賀の士族たちが暴発することを防ぐため、直ちに熊本鎮台司令長官に対し、佐賀士族に対する鎮圧を命じたのであります。そして、このことがその後に、短い期間ではあるものの、当時所有していた軍用艦船4隻を活用し、他県から徴用した多数の海兵隊員を投入するなどと言う、予想外の展開にまで発展して、それが、その後に続く佐賀各地における泥沼化した騒乱の第一歩となってしまったと言う訳であります。

　その後に作成された記録によれば、この事件においては、福岡県

の士族だけでも３千６百人ほどが軍事参加をしたとされます。

（３）佐賀城での攻防戦

　中央政府から事態鎮圧の命令を受けた熊本鎮台司令長官は、熊本県令からの要請もあって、駐屯する第十一大隊を二分し、右半大隊を海路にて、左半大隊を陸路にて佐賀に向かわせることとました。そして、その翌日（２月１５日）、先行していた海路軍に護衛された熊本県令らが佐賀城に入ったことが判明すると、前参議の江藤新平側は、政府側の真意を確かめるため、代表者として側近をその場に派遣したのでした。しかしながら、熊本県令の岩村から「答える必要はない」との返答があったことによって事態は一気に深刻化して行き、その日の夜に、県庁が置かれていた佐賀城に籠る鎮台部隊と、反政府側に位置することになった批判勢力との間において、この問題に関わる一連の事件の中で、最も激しい攻防戦が展開されるところとなり、特に政府軍において多数の死者が生じた他に、政府側の要人多数が捕虜となってしまったのであります。

（４）その後の戦い

　一方、一時的にせよ佐賀城を占拠されてしまった政府軍は、東京鎮台の部隊を率いて福岡まで移動して来た、総大将の大久保利通が中心になって軍を指揮し、第十大隊第三中隊を本陣警護軍として博多に残す一方、２月２２日の時点で、第四大隊・第十大隊及び第三砲隊を福岡との県境にある朝日山まで進撃させて、反乱軍への包囲攻撃を行ったのであります。その結果、弾薬が枯渇してしまった反乱軍側は、ついに中原に背走してしまったのでした。

しかしながら反乱軍（佐賀軍）側は、その後においても政府軍を相手にした迎撃を執拗に繰り返しました。

　２月２３日には、第十大隊を前軍とし第三砲隊が続行、第四大隊を後軍として中原を出発していた政府軍は、寒津村に本陣を置いていた佐賀軍側に寒津川沿いで挟撃されてしまい、「官兵殆んど破れんとす」と記されるほどに追い込まれましたが、官軍の指揮官にて陸軍小将の野津鎮雄が激しい弾雨の中で抜刀して先頭に立ち、また、中原から転戦してきた第四大隊が、反転して敵の背後を突き進むなどしたために、結局、佐賀軍は総崩れとなって背走してしまいました。

　その頃、朝日山の陥落を聞き、また、寒津村でも敗れた旨を聞かされた反乱軍側の総大将の江藤新平は、田出（現、吉野ケ里町）まで移動して陣頭指揮し、新たに田出川に防御陣を敷き、一部の精鋭を配置して敵の背後を突こうと図りました。しかしながら、これも官軍側による背後からの攻撃に遭ってしまったために、結局、敗退を余儀なくされてしまったのです。そして、この敗退で完全に勝機を失ったと見た総大将の江藤は、ついに自らが率いてきた征韓党を解散したのでした。

４　事件後の措置

　反乱軍を指揮した責任を負った江藤新平は、中央政府による裁判を望んだものの、官軍の総大将として政府掃討軍を現地で指揮してきた大久保利通はこれを認めず、急遽設置した臨時の裁判所において、権大判事の河野敏鎌にその審議を行わせたのであります。

そして、僅か２日間での審議の後に、計１１名の者が４月１３日の判決当日のうちに斬首となり、主犯格の江藤（征韓党前参議）と島（憂国党の党首）は、梟首（きょうしゅ、晒し首のこと）の刑に処されてしまいました。その後の伝聞によれば、江藤らの裁判では弁明や上訴の機会が十分には与えられず、当初から量刑が決まっていたような暗黒裁判であったとも言われます。

　いずれにしましても、処刑された人物とは言いながら、江藤と島の両名は、その後も、ともに明治維新において大きな功績を上げた傑出した人物であったと言うように見られています。

　（注）　　鎮台とは、明治時代に設けられた、陸軍における
　　　　　　最も大きい軍隊編成単位のことです。

その5　敬神党の乱

1　事件の背景

　敬神党の乱は、明治9年（1876年）に現在の熊本市において
生じた、明治政府に対する士族たちの反乱事件であります。
　この乱は、旧熊本藩士族の太田黒伴雄ら約170名の者によって
結成された「敬神党」により、明治新政府が新たに打ち出した廃刀
令などの開化政策への反対運動として決起されたものであります。
この敬神党は、反対派からは神風連と戯称されていたために、事件
は、神風連の乱とも言われました。
　幕末の頃より、肥後藩においては子息の教育方針をめぐる争いが
あって、朱子学教育を重視した学校党、教育と政治との結びつきを
重視した実学党、及び国学と神道を基本とする教育を重視した勤皇
党と言う三派が存在していました。そして、その後、その中から特
に勤皇党的な考え方を下地に、明治政府への強い不満を抱くことに,
なった勢力によって、敬神党が結成されたのであります。

2　事件の発生とその概要

　明治9年10月24日の深夜、敬神党のメンバーは各隊に分かれ
た上で、熊本鎮台司令官の種田政明宅、熊本県令の安岡良亮宅及び
県庁上位職にあった4名の役人宅をそれぞれ襲撃し、いずれも殺害
すると言う事件を引き起こしたのであります。そして更に、この襲

撃に加わった者達は、その後に、さらに全員で政府軍の熊本鎮台を襲撃し、場内にいた兵士らも次々と殺害して、砲兵営まで制圧してしまったのであります。

　しかしながら、翌朝には、事態を知った政府側の将校らが現場に駆け付け、その指揮下で態勢を立て直して本格的に反撃を開始したのであります。そして、この事件を起こした敬神党のメンバーらは銃撃を受けて死亡し、その首謀者であった太田黒も、銃撃によって重傷を負い、付近の民家に避難した上で自刃してしまったのであります。　また、この乱に加わった他の多くの者も、指導者を失ったことで、離散したり自刃したりしました。

3　事件の結末

　この事件によって、敬神党側の死者（自刃者を含む）は１２４名に上り、５０名が捕縛されて、その一部には、その後に斬首されてしまった者もいました。一方の政府側においても、死者が約６０名で、負傷者は約２００名に上りました。

　また、その後には、この事件に呼応したように、他所においても類似の事件が生じる結果となってしまいました。

その6　秋月の乱

1　事件の背景

　秋月の乱とは、前記の敬神党の乱（神風連の乱とも言う）と同じ頃の、明治９年（１８７６年）に福岡県秋月（現・朝倉市秋月）において発生した士族反乱事件のことで、その背景にあるのは、前述の敬神党の乱と同様に士族たちの不満であって、それを下地にして蜂起された、明治政府に対する反乱事件の一つであります。

2　事件の発生とその概要

　この事件は、熊本にて生じた敬神党の乱に呼応するかたちで、旧秋月藩士の今村百八郎たちを中心にして、総勢約４００名によって引き起こされたものであります。
　まず、敬神党の乱の発生から３日後の１０月２７日、今村を隊長とする秋月党が挙兵し、その過程において、地元の明元寺で説得にあたっていた福岡県の警察官を、まるで邪魔者のように扱って殺害してしまったのでした。そしてその後、旧秋月藩の士族たちは、旧豊津の士族たちとの同時決起を約束していたため、その後、豊津へ向かい、１０月２９日には目的地にまで到着していました。
　しかしながら、この時、すでに旧豊津藩の藩士たちは決起しない方針を固めていたために、決起派の杉生らはすでに監禁されていたのであって、逆に、豊津藩からの連絡を受けて急行した乃木希典が

率いるところの小倉鎮台側の攻撃に遭ってしまい、結局、秋月藩士側においては、死者多数を数える敗退を喫してしまったのであります。そのため、反乱軍とされてしまった秋月藩士側は、江川村（現朝倉市江川）まで退却した後に、磯、宮崎、土岐ら首謀者の七士が自刃して果て、また、１０月３１日は、秋月の党としての拘束を解くに至りました。

3　事件の結末

　その後、１２月３日に福岡での臨時裁判所において事件関係者に対する判決が言い渡されて、首謀者とされた今村と益田が即日斬首され、また、約１５０名の者に懲役や除族と言った懲罰が下されると言う悲しい結末を迎えるに至りました。
　結局のところ、事件は、当時の士族たちの不満を下地にして蜂起されはしたものの、極めて短期間のうちに収束されてしまうと言うみじめな結果になってしまったと言うことであります。

その７　前原一誠の乱

１　事件の背景

　萩の乱は、明治９年（１８７６年）に山口県にて引き起こされた明治政府に対する士族反乱の一つであり、前記の熊本県での敬神党の乱及び福岡県での秋月の乱に呼応し、士族の前原一誠（元参議）ら約３００名余り（多に諸説あり）にて引き起こされた、士族たちの不満を下地にした明治政府に対する反乱事件であります。

　後に内閣総理大臣となった田中義一も、当時１３歳でこの反乱に参加していました。

２　事件の発生とその概要

　元参議の前原一誠は、参議を辞職した後、故郷の山口県で各地の不平士族たちと連絡を取り合っていましたが、熊本県での敬神党の決起を聞き及ぶと、旧藩校の明倫館を拠点にして、多数の同士を募った上で、明治９年１０月末には、前原を首謀者とする「殉国軍」なる政治集団を立上げたのであります。

　そして、その最初の行動として県庁への襲撃を企てたものの、それは決起の前に政府側に察知されて挫折しまったため、方針を変えて、新たに天皇への直訴を目指し、途中途中で賛同する兵たちを集め、また、兵糧を確保しながら、山陰道を東上すべく行動を開始したのであります。しかしながら、その途上、海路で浜田に向ってい

た時に、悪天候のために江崎にて上陸した際、虚報（内紛を伝える
もの）に接して挙兵地の明倫館に戻ったところ、備蓄していた弾薬
が池に破棄されていることが判明したために、これを原因として、
前原の殉国軍は、政府軍との間で市街戦を展開することになってし
ました。その結果、萩の町内において、延べ６８件もの家屋の焼失
を引き起こす等、甚大な被害を発生させてしまたのでした。

　その後、前原ら幹部５名と従者２名が別行動をとり、再度、天皇
への直訴を目指し東京へ向かうべく、船を確保して萩の越ケ浜を出
港したのでしたが、途中で悪天候のために宇竜港（現在の出雲市内）
に寄港した際に、その行動が察知されて、その結果、１１月５日に
島根県令らに包囲されてしまったために、前原らは、弁明の機会が
得られることを条件にして投降し、逮捕されました。

３　事件の結末

その後、１２月３日に山口の臨時裁判所において、結果としては弁
明の機会も与えられないまま、事件関係者への判決が言い渡されて、
首謀者の前原一誠の他に７人が、即日（翌日説あり）斬首されてし
まったのであります。
その中には前原の実弟二人も含まれていました。また、事件関係者
の中に前原を始めとして多くの松下村塾の塾生がいたため、当時の
塾頭は責任を感じて切腹し、塾は閉鎖されました。
　なお、この処罰においては、その直前に、司法卿の大木喬任によ
って制定された臨時暴徒処分令が適用されていました。

その8　西南戦争

1　事件の背景

　時代が明治へと進んだ日本においては、徴兵制度が敷かれ、健康な男子は、ある年齢になると、軍隊に入隊しなければなりませんでした。そして明治１０年（１８７７年）には、その徴兵制に基づいた軍隊の威力を実証するような出来事が、主に九州地方を主戦場として生じてしまったのであります。

　明治の新政府樹立に誰よりも貢献したと言える西郷隆盛は、当時の新政府内において、盟友の大久保利通らを相手とする権力争いに敗れた結果、参議を辞職し、多くの薩摩出身者を引き連れて故郷の鹿児島へ引き上げてしまっていました。

2　事件の発生とその概要

　その後の西郷は、故郷に私塾を創立して、自分が理想とする思想を多くの青年たちに教えつつ、なんとか明治政府に対抗しうる国家体制を創ろうと画策していました。

　一方、新政府側は、明治９年には廃刀令を施行して、武士が誇りとする帯刀を禁じた他に、武士たちへの家禄の支給を廃止する意味の秩禄処分を実施したために、それまで武士階級に身をおいていた多くの人々は、ついにその怒りを爆発させるに至りました。

　そのような中で、明治９年になって、熊本での敬神党の乱や福岡

での秋月の乱と言った、旧武士階級によって引き起こされた新政府に対する反乱事件が想起されました。しかしながら、これらの暴動は、結果から観るかぎり規模も小さかったために、政府側による圧力によってすぐに鎮圧されるに至ったのであります。

　しかし、明治１０年に、西郷隆盛が率いて起した薩摩軍の反乱と言うのは、政府の内部事情を知り尽くした者による指揮によった行動であったために、その規模が凄まじく、政府軍のなかからも「勝てないかもしれない」との意見が出たほどのものでありました。
　この反乱は、私塾生が政府の弾薬庫を襲い、武器弾薬を略奪したことから始まりました。当初、西郷自身はそれまで挙兵には反対しましたが、その後の状況の変化、つまり、政府側に自身の暗殺計画があったことを知ったために、止むを得ず私塾生らに同意し、その結果、正面からの戦いが始まったのであります。そのため、薩摩軍はその大義を「政府に尋問の筋あり」に置いていました。
　その戦いにおいては、西郷の薩摩軍が一気に熊本まで北上しての攻勢によって、一時的には薩摩軍が優勢に立ち、更に攻め上がる状況もあったのでしたが、いずれにしても、圧倒的な兵員数の違いと、西洋仕込みによる大砲等の火器が、戦場に多数持ち込まれたことによって、程なく薩摩軍が押し込まれ続け、南下をせざるを得ない状況に推移して行き、ついに鹿児島市内の城山まで押され、敗色が濃厚となってしまった結果、西郷隆盛の自決によって、それを最後に戦いは終結したのであります。これが後の世に言われる西南戦争の概要です。そして、この戦いは、日本が変化していく過程において武士たちの不満がもたらした最後の抵抗でした。

3　事件の結末

　この事件（言わば戦争）にあっては、その時点で既に制定されていた徴兵制度が機能したものと考えられています。
　また、この事件（戦争）においては、官軍側の死者は６千４百余名に上り、一方の西郷軍側でも６千７百余名もの死者が出たものと推定されています。なお、その後の軍事裁判により、当時の鹿児島県令が西郷軍に肩入れしたとされて、斬首刑に処せられました。
　なお、この戦争においては、負傷者の救護のために博愛社（後の日本赤十字社）が活躍したとの記録が残されています。

　いつの時代においても、また、どの戦争においても言えることですが、騒動の原因となるのは、結局のところ、上に立つ者の権力の争奪、またはその怨念に起因していると言えますが、しかしながら、それによって本当に犠牲になったと言えるのは、それに従う多くの庶民たちなのであって、結局、この西南戦争においても、多数の犠牲者を出した結果において明らかになったのは、明治と言う新政府に逆らう者が排除されたと言うことに過ぎないのであります。

その9　紀尾井坂の変

1　事件の背景

　この事件が起きたのは、明治１１年（１８７８年）５月でありますが、前述したように、その前年には西郷隆盛らによって蜂起された西南戦争があったことによって、明治の新政府はその対応に極めて苦慮したものの、その事態を新政府側の勝利と言う結果に導くことが出来たのは、結局のところ、すでに明治政府の重鎮と言える立場にあった、内務卿としての大久保利通の人脈とその手腕があったからだとも言えるのです。

　しかしながら、それは、他の重鎮の側からみれば、諸手を上げて喜ぶことができるような、有難い事情のものでは無いと言うことも出来ると考えられるのです。そのため、大久保卿の存在を疎ましく思い、邪悪な考えに惑わされた重臣が他にいたとしても、それは表に出されない限り分からないことなのであります。

2　事件の発生とその概要

　事件が起きた５月１４日、内務卿の大久保利通は、予定されていた明治天皇への拝謁のため、午前８時頃に霞が関の自宅を出て２頭立ての馬車にて赤坂の仮皇居へ向かおうとしていました。その時に同行していたのは、馬車の御者と従者のみでありました。

　午前８時半頃に紀尾井町清水谷（現在の、参議院清水谷議員宿舎

前あたり）に差しかかったところ、突然飛び出して来た石川県士族の島田ら６人の暴漢が、大久保卿の乗った馬車に襲撃を仕掛けてきたのであります。

　真っ先に襲われたのは従者の芳松ですが、彼は何とか逃走した上で、近くの北白川宮邸に駆け込んで助けを求めました。一方、馬車御者の中村は、その時には丸腰であったために、すぐに刺殺されてしまいました。馬車内の大久保内務卿は、異変にすぐに気が付いて暴漢らを一喝しましたが、この時には、護身のための武器類は何ら携行していなかったために、結局、暴漢らの為すままになってしまい、馬車から引きずり降ろされた上で殺害されてしまったのです。その時に受けた傷は全身の１６か所にわたったとされます。この時大久保卿は４７歳（満）でありました。

3　事件の結末

　この事件の結果、その翌日には大久保卿に対して正二位右大臣が追贈され、１７日には、大久保卿と、共に亡くなった御者の中村に対する葬儀が執り行われて、大久保邸に会する者は千２百余人にも及んだとされ、近代日本における最初の国葬級の葬儀と言う丁重な扱いになりました。

　なお、大久保卿が埋葬されたのは郷里の鹿児島ではなく、東京の青山霊園であります。その判断の裏に、大久保の振る舞いが「故郷の薩摩と西郷を敵に回したからだ」との冷ややかな見方がある、との解説が世間で取り沙汰されたのも事実であります。

一方、この事件の実行犯たちは、大久保卿の襲撃に際して斬奸状なる文書を持参していたため、その狙いや行動に加わった者たちの名前が直ちに特定されることになりました。それによると、石川県の士族が５人と島根県の士族が１人の合計６人から成り、その中で中心的存在として振る舞ったのが島田一郎であります。

　この島田は、加賀藩の足軽として第一次長州征伐及び戊辰戦争に参加しており、明治維新の後も軍人としての経歴を歩んでいて、特に征韓論に共鳴し、明治６年の政変で西郷隆盛が下野せざるを得なかったことに憤激したために、国事に奔走することになったようであります。また、他の者にしても、類似の行動歴があることが判明しています。

　明治政府は、この事件の実行犯たちを国事犯として扱い、臨時裁判所を開設して裁判を行いました。その結果、２ヶ月半後の７月になって判決があり、事件に加わった６名の者全員に対して刑が言い渡されて、即日、全員が斬首されました。

その１０　岐阜事件

1　事件の概要

　この事件は、明治１５年（１８８２年）４月６日、岐阜県内にあった神道系の布教所において、自由党党首の板垣退助が暴漢に襲われたと言うものであります。

　事件に先立つ明治１４年１０月１８日には、日本初の政治政党として自由党が結成されて、いわゆる自由民権運動が絶頂期を迎えていたのであります。そして、その中において板垣退助は、自由党と言う政治政党の党首に就任したのです。

　明治１５年３月１０日に、板垣は党員の竹内綱、宮地茂春、安芸喜代香らと共に東京を出発し、東海道沿線を廻る遊説の旅に就いて、静岡・浜松を経て、３月２９日に名古屋にて演説した後の４月５日に、岐阜に到着しました。

　そして、翌４月６日には、岐阜県渥見郡富茂登村（現、岐阜市）の神道中教院（現在の岐阜公園内にあった神道の布教所）において自由党懇親会が開かれた後に、板垣及び内藤魯一らが演説を行った上で、午後６時の頃にその会は終了したのでした。午後６時半の頃に、帰途に就こうと中教院玄関先の階段を下り始めた時に、刃渡り約９寸（２７ｃｍ）の短刀を振りかざした暴漢が「将来の賊め」と叫びながら板垣に襲い掛かり、板垣の左胸を刺したのであります。そして、二人がもみ合っているのに気づいた内藤たちが駆け寄ったことで、暴漢は取り押さえられました。

2　その後の対応

　この事件は、電信によって直ちに東京の自由党本部に伝えられましたが、その際の内容は、「板垣退助が遭難し、殺害された」との趣旨のものであったのでした。その結果、後藤象二郎ほかの多数の自由党幹部が岐阜へ急行すべく手配に追われたのでした。その後に「板垣は無事」との再度の連絡が入ってきたのでしたが、しかし、めぼしい党幹部の他に、板垣の故郷の高知県の重鎮や立憲改新党の大隈重信らは、次々と岐阜へ向ったのであります。

　一方、政府側においては閣議が中止されて、その事態が明治天皇へも上奏されることになったのでした。そして、直ちに勅使の派遣が行われました。

　なお、この暴行事件を引き起した者（相原某）は、その後の警察による調査によって身元が特定されました。それによると、相原は元教員であって、保守主義に傾倒していたとされ、自由党を敵視していたことが判明しています。

3　事件の結末と逸話

　この事件に付帯し、その後、広く世間に知られていることの中で不思議な事柄があります。それは、板垣退助が暴漢に襲われて深手を負った際に叫んだとされる有名な「板垣死すとも、自由は死せず」との言葉の真相であります。つまり、それは本当に板垣退助自身が言ったことなのか、それとも、事件に居合わせた同僚の内藤魯一が言ったことなのかと言う辺りの真相であります。

この点について、事件の後の４月１１日付の「大阪朝日新聞」は事件に触れ、板垣が「私が死すとも、自由は亡びませぬぞ」と叫んだと記しており、また、これを否定するような報道が一つも見られなかったことから、その後この言葉は、暴漢に襲われ深手を負った際の板垣退助が、渾身の力を振り絞って、この言葉を発したものであると見做されています。

　一方、この事件にて板垣退助を襲った相原某は、岐阜重罪裁判所において裁判を受けましたが、被害者の板垣退助自身が助命嘆願書を提出したことによって極刑が避けられ、結局、無期懲役となったのであります。そして、その後に、諸般の事情が考慮されたことにより、恩赦の対象となって釈放されました。

　その後、この相原は、既に政界を引退していた板垣退助の東京の仮住いを訪れて事件を謝罪したとされ、これに対して板垣は、丁寧応じた上で謝意を述べたとされます。この時代に生きた知識人たちの生き様の一端が伺い知れるような逸話であります。

第2章　階級間における民衆闘争

その1　新潟県分水騒動

1　事件の概要

　この騒動は明治5年（1872年）4月に、新潟県及び柏崎県（現在は新潟県）で起きた農民による一揆であります。明治新政府の進め方に不満を持った旧会津藩士の渡辺悌輔らが中心となって、大河津分水掘削工事の金銭的負担に苦しむ農民等を糾合して、新潟県庁に対して襲撃を図ったと言う事件であります。

　また、この騒動は、日本の封建主義社会における最大にして最後の農民一揆であったともいわれます。それは首謀者の中に浄土真宗の僧侶たちが含まれていたことからであって、そのためにこの一揆は当時、同宗の門徒を中心として起こされていた廃仏毀釈に反対する護法一揆として扱われる場合があったりします。従って、文献によっては、新潟県分水一揆、大河津分水騒動、信越地方土寇蜂起などの、異なる語句が用いられたりしています。

　一揆は、旧暦4月4日〜6日にかけて柏崎県庁への強訴を行った一行と、4月6日〜8日にかけて新潟県庁への強訴に向った一行とから成り立っています。しかしながら、この二つの一揆の間に特に繋がりはなく、偶然であったとするのが通説であります。

2　事件発生の背景

　新潟平野を流れる信濃川及びその支流である中ノ口川は、かって

42

は、毎年のように洪水を引き起こす暴れ川として恐れられてきました。その抜本的な治水対策として、この二つの川の分岐点より上流に当り、かつ、日本海に最も近い場所である、現在の長岡市と燕市との境界付近から分水路を掘削するとの計画が、そもそも享保年間の昔より江戸幕府に嘆願されてきた訳なのでありますが、現実には莫大な工事費が必要であることと、流域各藩に係わる利害の対立によって、実現に至ることはありませんでした。

　そのような経緯の中で、慶応4年（1868年）に、新潟平野はまたも洪水に見舞われました。北越戦争によって旧幕府側が敗退すると、流域の村々は改めて新政府に分水工事着手の嘆願書を提出したことによって、明治2年（1869年）にようやく着工がみとめられましたが、しかしながら、その結果は総工費約80万両のうち60万両が地元負担と言う、極めて厳しい裁可となってしまったのであります。また、流域の村々には重労働の提供が求められ、更には、工事のために移転を余儀なくされる者や、水位低下による水の不足を心配する者もあったりしたことで、この分水工事に対する住民の声は、次第に反対の様相が強まって行ったのであります。

3　事件の発生とその概要

（1）柏崎県側の事件の概要
　元八王子村（現在の燕市）の無宿農民の川崎九郎次らは、明治5年（1872年）3月の頃より、流域に対し分水工事見直しの決起を呼びかける落し文を行っていました。そして4月3日の夜、早鐘を合図に、千数百名に上る一揆の勢力を指定の場所に終結させた上

で、さらに道々の農民を糾合しながら、強訴のために柏崎県庁へと向ったのです。一説によれば、一時的には９千人にも達したとされるものの、途中で逃げ帰った者も多く、４月５日午後に柏崎に到着した時には、その人数は４～６千人ほどであったとされます。

　そして一揆勢は、県庁役人に次のような嘆願書を提出しました。
　　　○　分水工事費用の免除
　　　○　氏子・檀家の負担となる社寺の免税
　　　○　年貢の旧幕府時代の水準への据え置き
　　　○　外国との交易の差し止め
　さらに口頭にて
　　　○　分水工事は官費で行い、労賃は滞りなく支払うこと
　　　○　船の廻米による年貢を止め、地元納付とすること
　　　○　外国との交易を止めること
　これに対して柏崎県側は、翌６日の夜に、一揆の首謀者の宿舎を急襲し、彼らを捕縛しました。そして、川崎九郎次のみが首謀者としてその罪を認めたため、他の者は釈放されました。

（２）新潟県側の事件の概要
　元会津藩士の渡辺悌輔及び元月岡村（現在の三条市）安正寺の元住職の土屋帯刀らは、加茂の農民等と図り、４月４日頃より、三条及び加茂一帯において、柏崎県側と同様に分水工事見直しの決起を呼びかける落し文を行いました。また、６日の未明より、渡辺らは村々の住民達に強請を行って、約千名に上る一揆の勢力を東本願寺の三条別院に終結しました。そして４月７日の朝より、印旗を掲げて新潟県庁へ向かうべく北上したのです。しかしながら、最盛時に

は数千人だったとされる、この一揆勢は、ほどなく暴徒と化してしまい、略奪・放火及び打ち毀しを行っただけではなく、事態の収拾に向かった県庁の役人や地元の庄屋を殺害してしまったのです。

　この事態に危機感を募らせた新潟県庁側は、一揆勢が新潟町に入るのを阻止すべく、平島（現、新潟市西区）に軍勢を集め、８日の午後、北上してきた一揆勢に対して威嚇射撃を行い、突撃しようとした首謀者の一人を射殺したのでした。

　これによって、結局、一揆勢は壊滅背走することとなり、また、その後の数日の内に、首謀者が捕縛されることとなりました。

４　事件の結末

　この一揆の後、新潟県令は更迭されてしまいました。そして柏崎県は新潟県へ併合されることとなりました。また、事件を主導したとして捕縛された首謀者や、役人等の殺害に係わった者たち合わせて７名が、その後、処刑されてしまいました。

　一方、この一揆によって中断していた信濃川の分水工事は、一旦は再開されたものの、オランダ人技師リンドーがまとめた報告書による諫言もあって、再度中断となってしまい、工事が再び着工されたのは明治４０年のことであり、その完成は、実に一揆から５２年を経た後の大正１３年（１９２４年）でありました。

その2　山形県ワッパ騒動

1　事件の概要

　ワッパ騒動とは、明治6年（1873年）末から明治13年末の7年間に亘って、今の山形県庄内地方のほとんど全ての村を巻き込み、1万数千人もの農民らが参加して展開されたところの、いわゆる「百姓一揆」から「自由民権運動」へと発展して行く過程の下地になった大規模な民衆運動のことであって、それにより雑税を廃止させ、租税の税率を引き下げさせたことで、庄内地方における近代化の促進に大きく貢献したと言う事件であります。

　なお、ワッパ騒動の名前の由来とは、この当時、米価が高騰していたため、農民が納めた年貢米の過納分を取り戻せば、木工製容器の「曲げワッパ」で分配できる程の戻り金が得られる筈だ、と言う趣旨がそこに込められているからなのです。

2　事件発生の背景

　明治維新の後、庄内地方は最上川の北方が酒田県、南方が大泉県と二分されていましたが、戊辰戦争の終結以来、農民たちの不満は募っていて、酒田県側にて騒動が生じたことの結果として、両県が併合されて第2次酒田県の発足を見たのでした。

　この第2次酒田県の特徴は、戊辰戦争で敗北した側であるにも拘わらず、西郷隆盛公の口添えもあって、県の主要官僚が旧庄内藩の

家老達によって占められていたため、明治中央政府による諸改革の多くを無視し、全く独自の政策を進めようとしていました。それらの要点は以下のようなものであります。

　　○　軍事力の温存をはかり、騒動を抑止する。
　　○　士族の帰農策である後田山開拓に、農民を動員する。
　　○　特定の特権商人による米穀流通の独占（石代納）を認める。
　　○　領主階級の者が地主へ転身する道を強化する方策を進める。

　さらに、この第２次酒田県には、他藩や天領にも見られないような本年貢以外の雑税徴収制度があって、それらを合算すると、税負担は収穫の７〜８割にも上るものであり、それは農民たちが我慢することのできる限界を超えるものでありました。

3　事件の発生とその概要

　酒田県（第２次）が取った過酷とも言えるこのような政策に対して、最初に反抗したのは上層の農民でしたが、それはすぐに多くの村々の農民や地主、非特権の商人たちを巻き込み、庄内全体に及ぶ反対運動を呼び起こすところとなったのです。

　明治６年末、酒造業を営む鈴木弥右衛門が、最初に石代納の嘆願書を提出しました。この行動に触発されたため、その後は各村々の有力者たちが石代納嘆願書の提出に飛びついて行ったのです。しかしながら酒田県側は、これらを拒否して各村の指導者の合計７人を逮捕し、さらに、見せしめのために、年貢の未納を理由として鈴木弥右衛門の居宅を取り壊してしまったのでありました。

この事態を不服とした鈴木弥右衛門は、村々の代表と合流した上で、大変な苦労の末に東京にたどり着いて、内務省へ事態の改善について嘆願したと言うことが判明しています。

　一方、政府による金納制許可の有利性を知った農民たちの動きは、その後、全庄内に広がりました。明治７年３月になると、農民たちを指導した士族を含む農民総代が上京して、石代納嘆願書を内務省に提出しましたが、内務省側はそれを却下し、一方では、酒田県政に圧政があるのではないかとして、政府は７月に内務少丞松平正直を鶴岡に派遣し、必要な取り調べを行わせたのでした。

　これによって松平は、関係する逮捕者の釈放及び明治７年からの石代納の実施と雑税類の一部廃止等々と言った、愁眉の案件を裁定して行ったのです。しかしながら、農民たちは、この裁定に対しても不満を持ち、過去２年分の過納米代金の返金や雑税の全面廃止を強く要求すると共に、地租改正に係わる取立てと、その支出に関係する帳簿類の公開を激しく迫る結果となりました。

　また、豪商や士族等による関与が想定されていた、米の売却及び納税に係わる石代会社の設立問題についても、その構想に対する疑義に対して問題点の洗い出しが行われました。

　そして、このような一連の運動が領域内の各地で広がりを見せる中で、一方では、農村の指導者たち１００名余りが一斉に逮捕されると言う、士族たちを動員した酒田県による弾圧が始まったと言う次第なのであります。

4　事件の結末

　この時代は、明治新政府の創設に功労があったにも拘らず政府内の権力争いに敗れて下野した西郷隆盛を首謀者とし、その西郷が興した私塾生によって引き起こされた薩摩軍の反乱（明治１０年）があったために、東北の特定地方において農民らによって引き起こされた騒動に対しては、政府側の対応がいかにも遅れ、結局、その判決は明治１１年６月３日に下されました。

　そして、その結果下された判決は、ある部分では原告（農民）の声を反映したものであり、また、ある部分においては被告（旧藩士ら）の声を反映したものであっったりして、当時における明治政府が持ちえた権力行使の限界をも示すものでありました。

　しかしながら、この判決は、当時としては農民側が勝訴したとも言えるものであって、その運動は高く評価されて、以後の民権運動に対する支えになったと言えるのであります。

その３　地租改正反対農民一揆

1　事件の概要

　明治６年（１８７３年）に、明治政府によって地租改正がおこなわれましたが、それは、基本的には「全国画一」を旨とし、従来通り、あるいはそれ以上の水準で、主として農民に対して賦課しようとする趣旨のものでありました。したがって、当然の如く、これに反対する抗議行動は、明治８年から１０年にかけて、茨城県、三重県、愛知県、岐阜県　堺県（現在の大阪と奈良の一部）及び熊本県などの各地において相次いで生じたのでした。
　そのうちでも、特に規模が大きかったのは、茨城県及び三重県において起こされた地租改正反対農民一揆であります。

2　事件発生の背景

　明治６年に行われた地租改正の要旨とは、およそ次のような内容のものでありました。
　　○　課税は、従来の収穫高を基礎とする地価によって行う。
　　○　課税基準は、地価の３％とする。
　　○　納税義務者は、耕作者ではなく、土地の所有者とする。
　その結果、明治９年１１月から１２月にかけて、茨城県において地租改正反対のための農民一揆が各地で発生しました。また、それが、愛知県・岐阜県及び三重県等に飛び火して行ったのでした。

3 事件の発生とその概要

(1) 茨城県の場合

先ず、茨城県真壁郡において一揆が生じました。発端は、地租改正に係る税率の引き下げを嘆願しようとしたことからであり、その呼びかけに応じて１１か村から約５００人が集まり、集会を開いた上で、６箇条から成る嘆願書の取りまとめを行いました。その上で郡役所へ請願に出向いたのであります。

ところが、それは郡の警察や士族による妨害活動によってあっけなく鎮圧されてしまい、多数の逮捕者を出した他に、罰金刑までが課されてしまいました。しかしながら、この行動によって地租改正に係わる課税基準は、地価の３％から２．５％へと減じられることになりました。また、この税率の変更というのは、全国に波及しうる問題であって、多大な犠牲の下で勝ちとられたものだけに、極めて大きな成果であったと言えるのです。

一方、この真壁郡の行動に続き、茨城県那珂郡でも一揆が生じました。その中心人物は本橋次郎左衛門です。彼は、苦しむ農民の姿を見て、当時の県令（現在の知事）に対して陳情書を提出しましたが、「納税は、天下万民の問題、茨城県のみの問題ではない」として聞く耳を持ちませんでした。そこで本橋は県庁に出向き、東京へ出向いて新政府に迫る覚悟を伝えました。そして、布令（ふれ）を出して一揆の参加者を募った結果、２千人程の農民が集まったために、刀や槍を用意した上で、水戸を目指して行軍し始めたところ、石塚村にて待ち伏せていた、警官隊と旧水戸藩士による攻撃を受け

てしまい、多数の死者を出す事態に至ってしまったため、結局、背走せざるを得ない事態になったのでした。

　この事件による犠牲者は7名に及び、一方、その責を負うことになった処罰対象者は、死刑3人、懲役24人、罰金刑1千人以上と言う悲惨な結末をみる結果になってしまいました。

（2）三重県の場合

　明治政府は、国税収入を安定させるために、地価に基づく統一的な税制を確立し、明治6年には地租の改定を行って改正法を公布しており、その中で地租は3％（金納）とされました。しかし、地元の三重県においては、明治9年度の時点では米価基準で地租を算定していて、辻褄の合わないものでありました。

　明治9年（1876年）の12月、前夜から地租改正反対のために櫛田川の河原に集まっていた1千人余りの農民が、その人数を増やしつつ、駆け付けた警官隊と衝突した状態のまま松坂へ押し寄せて、納税窓口であった区扱所（くあつかいじょ）や銀行などを襲って焼き討ちをすると言う事件が発生しました。これが「伊勢暴動」と呼ばれる、地租改正反対のための一揆の始まりです。

　また、この12月18日の夜から始まった一揆は、その後次第に激しさを増して行き、その影響が愛知県や岐阜県、あるいは堺県のあたりにまで拡大して行ったのでありました。

4　事件の結末

　このように、この非民主的な時代において、止むにやまれぬ事情

に起因した農民による一揆が各地で起ってしまい、その結果として多大な犠牲が払われたと言うことなのですが、それによって当時の明治政府は、米の課税基準を当初の地価の３％から２．５％へと下げざるを得なくなってしまったのであります。

　このことは、大変な犠牲を払ってのことではありますが、単なる農民集団による団結力をもって、その時代における権力のあり方に逆らい、その方針を変えさせることができたと言う観点においては、革新的な出来事であったと見ることができます。

その4　徴兵反対一揆

1　事件の概要

　徴兵反対一揆とは、明治6年（1973年）3月に始まり、渡会県（現在の三重県の一部）から高知県にまで及ぶ、西日本を中心にして生じた一揆のことですが、このように呼称されるのは、これらの地域においては、徴兵された者の割合が他所よりも高かったことが背景となって引き起こされたものであるからです。

　この時期に生じた一連の一揆のうち、北条県（美作）の一揆、鳥取県（伯耆）の一揆、名東県（讃岐）7郡の一揆などが、特に熾烈を極めたものであったとされています。

2　事件の発生とその概要

（1）美作（みまさか）地方の一揆

　美作（旧、岡山県）地方の一揆は、明治6年5月26日に北条県西条郡貞永寺村にて生じ、騒動は、その日のうちに苫田郡、久米郡、英田郡、勝田郡及び真庭郡へと広がって行って、その翌日には、一揆勢はとうとう津山にまで達し、ついに、5月30日には城下への突入が図られたのです。そして、その激しい争いは6月1日まで続きました。

　　しかしながら、その行動は、北条県の役人側による激しい抵抗に遭ったために、失敗に帰してしまったのであります。この一揆に

参加した人々は、「徴兵令反対、学校入学費反対」などを叫びながら、焼き打ち、打ち毀しを行ったのですが、その対象は、役人宅や区戸長・副戸長宅、小学校、非差別部落民宅などであって、その被害は全体で４３２軒にも及び、また、非差別部落においては、多くの住民が撲殺される事態となってしまったのであります。

　この事態は、６月１日に、大阪鎮台他の兵が北条県に到着したため、ようやく鎮圧されました。その後に首謀者である筆保卯太郎が拷問にかけられたのですが、彼は、普段から新政府による徴兵等の政策に対して不満があった旨を供述していて、それは、この一揆に参加した人々における共通の不満であったと想像されます。

　この事件によって有罪とされた人の数は多数に上りますが、その中で、筆保卯太郎以下１５人が死罪の判決を受け、その他に懲役刑を受けた者が６４人に上りました。

（２）会見（あいみ）血税一揆
　鳥取県会見郡での一揆は、明治６年６月１９日から６月２６日の間に起きました。その別名を竹槍騒動や会見郡徴兵反対一揆などと言い、「徴兵令反対、小学校の廃止」などを掲げて激烈な打ち毀しを展開しました。６月１９日に、会見郡谷川村において洋服を着た小学校の教員が何者かに襲われ、また、同郡古市村では、巡回中の羅卒が「血取人」と間違われて襲撃されたことを発端に、２０日には会見郡の各地で類似の事件が発生するなど、一揆勢が係わる種々の事態が拡大して行きました。

　一揆勢は、各地の戸長宅の打ち壊しを行い、小学校なども襲いました。そして日野川の河川敷に終結した一揆勢は、２１日に県の米

子支所に嘆願書を提出して、一旦、解散したのでした。一方、米子支所は大阪鎮台などに応援を求めましたが、その到着はすでに一揆勢が解散した後のことでありました。

　その後、県側による大規模な取り締りが行われ、その結果、処分された者は１万１千９百人に上り、そのうちの首謀者１人が終身刑となったのであります。

（３）西讃（せいさん）竹槍騒動
　同様の騒動（一揆）は、名東県（今の香川県）の７つの各郡（豊田郡、三野郡、多度郡、那珂郡、阿野郡、鵜足郡、香川郡）において、明治６年６月２７日から７月６日にかけて生じました。

　騒動が始まったのは三野郡下高野村からで、伝えられている話によると、この村の蓬髪（髪を長く伸ばすこと）の女性が子を抱えながら「徴兵検査は恐ろしい」などと騒いでいたため、戸長が取り調べを行なおうとしたところ、それを不服とした周囲の者たちが竹槍をもって戸長に暴行したことを発端として、集まってきた群衆らが次第に暴徒化してしまい、その集団の総数は、遂に２万人にも達したと記録されています。その後、この暴徒集団は豊田郡萩原村へ向かって進み、その騒ぎは三野、豊田、多度の三郡へ広がり、さらに東側への広がりを見せて行きました。この騒動によって、放火された村々の数は約１３０村、農民側の死者は５０名、制圧に当たった官軍側の死者は２名を数えました。

　６月２８日になって、この事態を重くみた名東県高松支庁は、官兵を派遣して事態の鎮圧に当たらせました。その結果、７月６日には騒動はようやく鎮圧に至って、その結果、暴徒集団側においては

逮捕者が２８２名にも及びました。

　また、その後の略式裁判による判決の結果、この事件においては刑に処せられた者の人数は、死刑が７名、懲役刑が５０名を初めとして、全体では１万数千人にも及んだのでありました。

3　事件の結末

　この時代は、文明開化が進む途上にあって、明治政府と言う新たな国家管理のための機構が制定されて、日本と言う統合された一つの国家としての統治が始まってはいたものの、特に地方の側においては、欧米に習って近代化を推し進めようとする中央の政府と、旧来のあり方に染まったままの、人民との間における意識面での乖離は、極めて大きかったと言わざるを得ないと思われます。

　そのため、この時代においては、国家を統治する行政機関の役人の側と、日常生活に明け暮れている農民等の間において、意識の差による摩擦が生じてしまったことは、いわば、必然の成り行きでもあったと考えることができます。また、それ故に、日本の近代化は適時修正されつつ進まざるを得なかったと言えましょう。

第3章　国内の主な民権闘争

その1　入会地騒動（群馬県）

1　事件の背景

　明治13年（1880年）に、入会地（秣場；まぐさば）の権利問題を発端として関係住民との間で争いが発生しました。

　事件の舞台となったのは、群馬県にある榛名山の南東部の山麓にある83もの区域が関係する、中野秣場と言うところの入会地のことであって、そこでは、それまでの仕来りによって入会地が大きく三つに区分されていて、野部落付が6区域、札元部落が13区域、そして札下部落が64区域を、それぞれ使用する権利を確保していました。これら秣場への出入りは、この区域内の部落民においては自由であって、各部落ではそれぞれ秣（まぐさ）札を作成し、これを売買することをもって収入を得ており、これを秣料として、その中から一定の割合の金額を領主へ納めていました。

　注…秣（まぐさ）とは、馬や牛に与える牧草のことです。

2　事件の発生とその概要

　そもそも、この中野秣場は、明治6年における税制の改正を経て官有地に編入されました。その際に、旧野付札元村と旧札下村とにまたがる中野秣場での秣（まぐさ）の採取は同一条件の下に置かれることとなり、その管理は、二村合併の後の野付札下村の各部落に委ねられて、その各部落に対して、秣場利用の権利が平等に与えら

れたのであります。

　ところが、その後に行われた地租改正に伴う測量において、中野秣場のうち旧野付村にあった飛び地約７４町歩ほどが、中野秣場から外れた松ノ沢村の官地として登録されてしまったのです。また、明治１１年に部分木仕付条例が制定されると、松ノ沢村は、村内の官有地を部分木地として申請して許可を得ましたが、その際に、他村の承諾書は添えられましたが、野付札下村の意思については無視してしまっていたのであります。

　こうした出来事を引き金にして、明治１３年１０月１５日に、旧札下村民の多数が白川の河原に集合した上で、松ノ沢村の部分木を手当たり次第に伐採すると言う出来事が発生したのです。この騒動はその後５日間も続き、高崎警察署の警官らによる鎮撫によっても収束しなかったために、結局、旧札下村の戸長らが説得に当たったことによって、ようやく鎮まるに至ったと言う次第であります。

3　事件の結末

　この騒動において、その鎮撫に尽力した影の人物が真塩紋弥であります。この人物は、事件の発生後に旧坂下村の大勢の者から推されて事件の鎮撫に邁進した人物であって、彼が介在し、当時の県会議員や地元の郡長達を仲裁者として、他村との間で和解誓約書を締結したことによって、事件は、取り敢えず収束することになったと言うことです。この間における真塩紋弥が果たした役割は誠に大きく、警察権力による介入を許さなかったのであります。

　しかしながら、真塩紋弥はその後において、この事件に類似する

新たな事件に関与したことで警察に追われ、捕縛されるような結末になってしまいました。

　そもそも、上州（群馬県）と言う土地柄は、任侠人の国定忠治を輩出した地域であるだけに、真塩紋弥に通じるような侠気の気風に満ちた人物が多い傾向があったのではないかと推察します。

その2　会津事件(福島県)

1　事件の背景

　この事件は、明治15年（1882年）に起きたもので、福島県令に就任した三島通庸が、会津三方道路事業に反対する福島県内の自由党員及び農民を弾圧したと言うもので、この時代を象徴するような民権闘争事件の一つです。

　県令に着任した三島通庸は、着任するとすぐに、会津地方から新潟県、山形県、栃木県へ通じる県道（会津三方道路）の工事を施行させるために、会津地方6郡における15歳から60歳までの男女を、2年に亘って月に1回人夫として働かせるか、又は一日に付き男子15銭、女子10銭の人夫費を徴収するとの布告を出したのであります。また、工事に従事しない者の財産を競売に出すなど、行政的な措置を決行しました。

　この措置に、議長を始めとする福島県議会たちが反発して、各地において三島県令を非難する演説会が開かれました。しかしながらそれらの演説会に対しては警察による弾圧が加えられて、春から夏の間で36回もの演説会が開かれながら、警察の権力行使によってそのうち19回に対し、解散させられる等の弾圧が加えられてしまっていました。

　そんな中で、またもや、県議会において県令から前年度の2．5倍にも及ぶ地方税の増税案が提出されたのです。そして、県議会はこれにも抵抗し、否決に追い込みました。

その結果、県令の三島は、当時の内務卿から「原案執行」の特別許可を取得して、県議会による決議を事実上無効にしてしまったのであります。

2　事件の発生とその概要

　この時代に、福島県令の三島は、福島県議会の大半を占める自由党に対抗するために、旧会津藩士からなる帝政党を作って、彼らに民権派を襲わせたりしたために、流血事件が続発しました。
　８月１日の夜、県会議長の河野ら幹部は、福島自由党の本拠地の無名館に集まって、革命的な運動を進めるための協議を行って「血盟書」を想起しました。その要点は次のとおりです。
　①　自由の公敵たる檀制政府を顛覆し、公儀体の建設をもって任
　　　となす。（檀制；高い位置から見下す）
　②　党の密議を漏らし、誓詞に背戻（はいれい）する者ある時は
　　　直ちに自刃せしむべし。
　１１月、福島自由党の一味らの逮捕をきっかけに、２８日の夕方には、山刀・棍棒・熊手等を手に、千数百人の農民が弾正ケ原に集まりました。彼らは隊列を整えて喜多方警察署に押しかけ、これに対した警察官側は抜刀して農民たちに切りかかり、無理やり一味を解散させてしまいました。これが会津喜多方事件の始まりです。
　そして、２９日には福島市内で弾圧が始まり、１２月１日の深夜には警察隊によって無名館が包囲されて、県会議長の河野ら幹部とその同志ら２５人が逮捕された他に、その後に続いた一連の弾圧によって、約２千人が逮捕されてしまいました。

3　事件の結末

　この事件においては、翌年の１月に、当局によって「血誓書」が差し押さえられた結果、国家転覆と言う目的が当局側の機嫌を大きき損ねることとなって、結局、河野ら幹部は、国事犯として裁かれることになりました。

　その結果、河野広中が禁錮７年、他の首謀者には禁錮６年の刑が科せられるに至ったのです。一方、他の逮捕者に対しては容赦のない拷問が加えられました。

　しかしながら、本書で引き続き述べるように、この時代においては類似の民権闘争は日本の各地で起こされており、民主主義体制が国民の中に定着して行くためには、時間の経過と多大なる犠牲とが払われたのです。

その3　高田事件(新潟県)

1　事件の背景

　この事件は、明治16年（1883年）に起きたもので、新潟県の高田・頸城地方（現在の上越市）を中心として生じた、自由党員らの自由民権運動を対象とした弾圧事件であります。しかしながら、この事件において逮捕された者の殆んどは、実は冤罪であったとみられる、いまわしい事件であります。

2　事件の発生とその概要

　この年の3月10日に、富山県高岡市の瑞龍寺において自由党員による北陸七州有志懇談会が開催されて大勢が参加し、北陸地方における自由民権運動は最高潮に達していました。

　ところが、その後、19日になって、参加者の一人である長谷川三郎が、警察官を侮辱したとの容疑で逮捕されて、その翌日にこの長谷川の自白に基づいて、さらに、加藤貞盟・八木原繁祉・赤井景韶ら新潟県側の活動家20名余りが、政府転覆容疑にて逮捕されてしまったのでした。

　しかしながら、問題の長谷川三郎は、実は、新潟始審裁判所高田支庁検事補の堀小太郎の部下であって、いわゆるスパイとしてこの活動に参加したのであり、加藤・八木原ら地元の自由党幹部の情報を入手し、上司の堀と示し合わせた上で、逮捕に至らしめるべく策

動していたのでありました。そして、その結果として、その後の５月までに、党員やその支持者ら、合わせて３７名が逮捕されるまでに至ったのであります。もっとも、政府転覆計画の捜査そのものが、言ってみれば一種の見込み捜査と言うべきであり、その大半の容疑については証拠が見つからないまま、８月までに２２名が不起訴となり、加藤・八木原らの自由党の幹部１２名は、起訴されたものの公判の維持ができずに、結局、免訴及び責付の釈放とされて、事実上の無罪となったと言うものであります。

3　事件の結末

　ところが、一旦容疑がかけられながら釈放となった赤井景韶については、その前年の１１月４日に、その時に共に逮捕された井上と風間と言う者の２名と共に高田で協議して「天誅党」と呼ばれる秘密結社を結成して、政府高官の暗殺計画を企てた、その組織の結成趣意書を作文したことが判明したのであります。

　その文書はあまり具体的なものでは無かったものの、この赤井の自筆に間違いが無かったことから、当局は、結局、この３名を国事犯と見立てて告発したのでした。その結果、明確な物的証拠が上げられなかった赤井以外の２名については免訴になったものの、赤井については、趣意書の執筆を根拠として、１２月１７日に、重禁固９年の判決を受けるに至ったのであります。

　なお、この赤井は、翌年３月に、脱獄して逃走中に人力車の車夫を殺害したことで再逮捕され、その後の裁判によって殺人罪を求刑され、絞首刑となってしまいました。

その4　群馬事件

1　事件の背景

　この事件は明治17年（1884年）に起きたもので、明治15年から始まったデフレによって多くの民衆は困窮し、人々が債務を負って苦しんでいる状況の中で、群馬県西部の北甘楽郡にて起きた自由党急進派と農民による自由民権の過激化騒動であります。

2　事件の発生とその概要

　群馬県北甘楽郡においても、多くの農民は困窮し、30余の村の村民は県側に対して陳情に及ぶほどでありました。一方、政党本部による政府寄りの姿勢に憤っていた、群馬県の自由党指導者である清水栄三郎は、この状況を踏まえ、党勢の拡大を意図し、各地において集会を開き反政府感情を煽っていました。

　そして明治17年3月、清水は、湯浅理平・小林安兵衛・三浦桃之助ら同志と共に、北甘楽郡周辺の農民ほか猟師・博徒をも誘って政府の転覆を画策することとしました。しかしながら、最初の計画は、清水らが政府の密偵謀殺の容疑をかけられたために、4月には他県へ逃亡したことにより一旦頓挫してしまったのです。

　その後、清水は上京しましたが、湯浅・小林・三浦は地元の甘楽に戻り、5月初めに予定されていた日本鉄道の高崎駅開業式における農民の蜂起を計画したのでした。しかし、これは開業式が延期さ

れてしまったために実行されませんでした。この結果を三浦が自由党の本部に報告したところ、兄幹部はこれに賛同しなかったものの、一方、清水はこの行動を制止しました。しかしながら、農民たちの不満は一向に収まらなかったために、ついに、湯浅・小林・三浦らを中心にして、５月１５日に妙義山々麓の陣場ケ原において、当初の目的とは異なる警察署及び高崎鎮台等の襲撃を目標として、農民たちの集団が蜂起したのです。その人数については、２００名又は１０００名程度との説があるものの、蜂起した者の正確な人数については、実のところ明らかにされていません。

　蜂起した群衆は、先ず松井田の警察分署を襲撃した後に高崎鎮台の分営を襲撃する予定でしたが、すでに士気が減退していたためにそれは実行されず、結局、翌１６日に北甘楽郡丹生村地内の高利貸の邸宅を打ち毀しただけで、この蜂起は収束してしまいました。

　その後まもなく、湯浅・小林・三浦らが逮捕され、また、妙義山中に逃げた残党も１ヶ月のうちに逮捕されました。

3　事件の結末

　この事件においては、係わった湯浅・小林・三浦ら１２名が有期拘留刑、２０人ほどが罰金刑となりました。

　一方、この事件自体は、小規模のままで終結したとは言え、その後に続いた加波山事件などに対し、それなりの影響を及ぼしたものでもありました。

その5　加波山事件(茨城県)

1　事件の背景

　加波山事件とは、明治１７年（１８８４年）に起きた自由民権運動の激化事件の一つです。加波山は茨城県中央部にあり、筑波山に連なる山であります。事件は、この時代の特徴である自由民権運動の激化の中で、急進的な考えを抱いた若い民権派たちが行動の中心となって、これに茨城県や栃木県の若い民権運動家たちが加わることによって引き起されたものであって、蜂起した参加者らは加波山の山頂付近に立てこもり、「圧政政府転覆」、「自由の魁」等々の旗を掲げ、決起を呼びかけるビラを配布したりしました。

2　事件の発生とその概要

　彼ら活動家のうちの約１０名は、その後に山を降りて、真壁町の警察署の分署を襲い、現金や刀剣などを奪ったりしました。また、町内の豪商の家へ立ち寄って、軍資金と称して２０円（現在の金額で約２５万円）を押し借りしました。さらにまた、一行は資金調達のために、酒造業の藤村家に押し入ったものの、抵抗にあって目的を果たすことができず、爆弾を投げつけただけで加波山へ退却したのであります。

　翌日の夜に、このままでは食料が尽き、苦境に立たされると判断した一行は、局面の打開を図ろうと考えて下山し、長岡村の外れに

至ったところ、暗闇の中で待ち構えていた２０名程の警察隊と衝突してしまい、この乱闘において双方の側に１人ずつの死亡者が発生し、また、複数の負傷者を出す結果となってしまいました。

　その後、警官隊による襲撃から逃れた一行は、後日の再会を約して一旦解散したものの、結局、翌年の２月までに全員が逮捕されるに至ったのであります。そして、その人数はおよそ３００名にまでに及びました。

3　事件の結末

　逮捕された者の中には、名の知れた自由党の幹部や自由民権運動に係わる運動家等らも含まれていました。しかし、彼らは政治犯とはされませんでした。一方で、主犯格の内藤、鯉沼ら７人に対しては死刑が下され、また、３名の者に対して無期懲役が下されることとなりました。

その6　秩父事件(埼玉県)

1　事件の背景

　秩父事件は、明治１７年（１８８４年）に生じたもので、埼玉県秩父郡の農民たちが、政府に対して負債の延納、雑税の減少などを求めて起こした武装蜂起事件であります。その影響は隣接する群馬県や長野県側の町村にまでも波及して、この事件に加わった者の数が、最終的には数千人とも言われるような規模にまで膨れ上り、大騒動となってしまったと言うものであります。

　この事件は、自由民権運動の影響下で発生した、いわゆる「激化事件」の代表ともされました。

2　事件の発生とその概要

　明治になり、富国強兵の大義名分の下で年々増税が進む中で、明治１４年に大蔵卿に就任した松方正義による、いわゆる松方財政の影響によって、現在で言うところのデフレスパイラルが発生し、いまだに脆弱であった日本の経済状況、とりわけ農業分野においては深刻な不況が発生していました。農作物価格の下落が続き、もともと裕福とは言えなかった農産物の生産地域の中には、更なる困窮に陥る地域が数々見られるようになって行きました。

　埼玉県の秩父地方においては、昔から養蚕が盛んでありましたが、

この地域による生糸の輸出先が、どちらかと言うとフランス市場に偏った傾向におかれていたために、この頃に欧州各国がみまわれていた大不況による日本での景気後退の影響を、多くの農業経営者たちが、止むを得ず受けることとなってしまいました。その結果として、秩父地方の養蚕農家の多くが経済的な打撃を受けてしまい、また、一方では増税の影響もあって、住民の多くが困窮の度を深めて行った、そのような中で、高利貸等による金銭的な負担が、彼らの生活をさらに悲惨なものにしたのでした。

　この時代に、既に生じていた幾つかの人民騒動の背後には、多かれ少なかれ、その時々の政治的な要素が絡むことが多かった訳ですが、この秩父地方においても、自由民権思想に接していた自由党員らが関与して、秩父困民党なるものが組織され、それによって２度に亘った集会が開催された上で、多くの住民に対して政治的な行動の必要性が声高に訴え掛けられたのであります。
　そして、租税の軽減等を訴えるために蜂起の提案がなされ、その結果、代々名主を務めてきた家柄の田代栄助がその中心人物として推挙されたことによって、ついに蜂起が開始されたのでした。
　そして、その翌日の明治１７年１１月１日には秩父郡内を制圧して、高利貸や郡役所に押し入り貸付書類等を破棄しました。

　しかしながら、この当時には既に電信が開設されていたことによって、秩父での批判勢力による蜂起をいち早く知った政府は、特別列車を仕立てて東京鎮台の兵を送り込むと言った措置を講じ、これに対抗したために、１１月４日には、この一揆による騒動はすぐに

鎮圧されてしまったのであります。

　なお、この一揆においては、その急進派の一部に長野県出身者がいたために、一揆の勢力がその者に従うかたちで一時的に長野県側にまで及んだ場面もあったのでしたが、しかし、高崎鎮台兵による追撃によって程なく全員が捕縛されてしまいました。

3　事件の結末

　この事件においては、約1万4千名もの者が拘束されて、その首謀者とされた田代栄助ら7名に対しては、死刑の判決が下されました。なお、その後に、この内の一部の者が北海道へ逃走したのでしたが、結局は捕らえられ、その地において亡くなっています。

その7　飯田事件(長野県)

1　事件の背景

　この事件は、明治17年（1884年）に長野県飯田市において起きたもので、当時の時代的背景によって生じた民衆による幾つかの激化騒動の中の一つであります。事件の首謀者は、愛知県内にて活動する恒心社の松村愛蔵、名古屋鎮台看護兵の八木重治及び長野県飯田市にて結社「愛国正理社」を主宰する桜井平吉の3名でありました。

2　事件の発生とその概要

　愛国正理社は、明治15年に飯田で発刊された深山（みやま）自由新聞の支持者を中心に、明治16年に発足しましたが、同年には反政府的な言論の撲滅を期した政府によって、新聞の発行が、期日を限った上での発行許可申請制度とされたことの影響を受けて、この愛国正理社による深山自由新聞の発行についても、ほどなく廃刊の止む無きに至ってしまいました。

　ところで、この愛国正理社には、当時、その顧問として政治評論家の石塚重平が名を連ねており、また、事件の当時には、いわゆる松方デフレによる大不況が日本を覆っていたために、この愛国正理社は、それによって窮乏する養蚕地帯の農民らが、生きる術を求めて、情報交換のために集まる場所でもありました。そのため、松村

愛蔵が率いる愛知県の恒心社とは、お互いに情報を交換しあう間柄として、連帯しあう関係になって行ったのであります。

　さて、彼らが計画した事件の内容は、２００人を超える血判加盟者を得て、５万枚を超える檄文を用意した上で、名古屋鎮台の兵を蜂起させて火薬庫を爆破させ、また、愛知県及び地元飯田町の民衆を扇動して警察署を占拠した上で、自由革命を宣言すると言う趣旨のものでありました。

　しかしながら、この計画に対しては、スパイによる警察への密告もあって、秩父事件等の発生経緯を承知していた警察側は、愛国正理社の桜井平吉を首謀者と見て、桜井宛ての郵便物の動きを丹念に調べ上げていたために、桜井たちが計画していた反政府的な行動は、それが実行される前に摘発される結果となってしまい、実質的には未遂のままで終わったのであります。

3　事件の結末

　以上のような経緯によって、警察の公安当局は、事件の鎮圧後にこの事件に係わった村松、八木、桜井など２７名を逮捕しました。また、その後に行われた裁判による判決よって、そのうちの６名の者が内乱陰謀罪によって、それぞれが軽禁錮１年から７年の有罪との判決を受けて、拘束されるに至ったのであります。

その8　名古屋事件

1　事件の背景

　この事件も、明治17年（1884年）に起きた自由民権運動の激化事件の一つであります。既に述べてきたように、この年は群馬事件、加波山事件、秩父事件、飯田事件など、日本各地で次々と生じたところの、民衆によって蜂起された騒動が多数発生していますが、実は、そのいずれにも、その背後には政治的な不満が隠されていると言っても決して過言ではないと思われるのです。

　そして、その蜂起にはいずれにも自由党員がそこに関係している点が特徴的であって、結局のところ、この時代の政治的構造と言うものは、庶民の視点からすると、上層と下層で意識が大きく乖離していることがはっきりしていて、それが庶民一般からすれば、現実政治への大きな不満となって生じ、その行動を誘発してしまうからなのではないでしょうか。

2　事件の発生とその概要

　名古屋の愛知自由党員である大島渚、富田勘兵衛、鈴木松五郎らは、政府の転覆を意図して、その軍資金調達のために県下の豪商や豪農宅を襲って金品を強奪していました。また、党の有力者である久野幸太郎らが加わって紙幣の偽造計画を立案したりしました。

　そのような荒っぽい行動を繰り返す中で、明治17年8月に、強

盗を決行しようとしましたが実行には至らず、未遂のままで引き上げようとする途中の平田橋で警察官と遭遇してしまったため、咄嗟に2名の警察官を殺害してしまったのです。これが、いわゆる平田橋事件と言われるものであります。

　また、12月14日には、富田勘兵衛ら6名は、知多郡長草村の戸長役場を襲い、吏員3名と警官1名を負傷させた上で逃亡してしまうと言う事件を引き起こしました。そして、この事件に伴う運動家達の行動は、世間の厳しい批判に晒された一方で、さしたる成果を見ることも無かったために、これをもって実質的に幕を閉じたのでありました。

3　事件の結末

　結局、この事件においては、その行動がさしたる意味をなさないままに、世間からの批判の声の高まりを全身に受ける結果になってしまったことによって、幕引きとなってしまったのです。

　そしてこの事件では、政府の転覆を計画し中心になって策動した大島渚、富田勘兵衛、鈴木松五郎ら3名が死刑、また、地元で金品の強奪を指揮した7名が無期徒刑、その他の行動犯に対しては有期徒役などが科せられたのであります。

その9　大阪事件

1　事件の背景

　この事件は、明治18年（1885年）に大阪で起きた自由民権運動の激化事件の一つで、自由党左派が企てたところの朝鮮の内政改革運動とも言うべきものであります。

　明治15年に、壬午（じんご）の軍乱（朝鮮にて生じた政変）が生じたことを契機として、当時の自由党首脳部は、朝鮮問題が複雑化の兆しを呈して来たことに強い関心を寄せて、朝鮮独立党を支援する態度をとっていました。明治17年、後藤象二郎は板垣退助と共に資金の拠出をフランス公使に仰ぎ、朝鮮における宮廷革命運動に乗り出そうと画策しました。しかしながら清国（満洲族）が介入したために、この企てはすぐに挫折してしまいました。

2　事件の発生とその概要

　一方、自由党左派の活動家であった大井憲太郎は、それまでの自由党や日本政府のやり方とは異なる立ち位置から出発し、朝鮮人民による独立のための闘いと日本の自由民権運動を結び付けて、両国にまたがった形態の民主主義革命を目指しました。そして、大井を中心にした景山英子や小林樟雄、磯山清兵衛ら旧自由党員の一部は同志を率いて朝鮮半島に渡り、反動的な運動を起こして朝鮮の政権を倒すべく準備を進めていました。そして彼らは甲申（こうしん）

の政変にてクーデターに失敗した独立党の金玉均らを支援し、朝鮮に立憲体制を築いて清国から独立させると言う、新たなクーデターの計画を企てたのであります。

　これらの行動は、言うならば国内における自由民権運動が政府の弾圧によって閉塞したため、そのエネルギーを海外に向けることで日本の国威を発揚して、合わせて国内の改革をも図ろうとしたものであると見做すことができます。

3　事件の結末

　彼らは、その計画に沿って爆弾を製造したり、資金集めのために強盗まがいの行動も行っていましたが、メンバーの中の磯山の変心によってその実行前に計画が発覚してしまい、その結果、１３９人もの関係者が逮捕されてしまいました。

　そして中心人物の小林及び磯山に対しては、外患罪で軽禁獄６年の刑が課せられ、また、クーデター計画の中心にいた大井と、朝鮮渡航計画の責任者であった新井に対しては、重懲役刑９年の判決が課せられました。また、他にも刑罰を科せられた人が大勢に上りました。しかし、明治２２年２月の大日本帝国憲法発布による特赦によって、小林及び磯山以外の受刑者たちは、釈放されに至ったのであります。

　なお、この事件に関与して投獄された唯一の女性である景山英子は、後年、自身の著書においてこの事件を回想し、余りにも国権主義的な思想であったと、自身を責めています。

その10　静岡事件

1　事件の背景

　この事件は、明治19年（1886年）に、自由民権運動が盛んになっていた中で、静岡その他の地域で発生した過激化事件のことであります。自由党の壮士らが明治政府の転覆や高官の暗殺を企てて、そのために、およそ2年簡にわたって軍資金調達のために強盗を働いたあげくに逮捕されたと言うものであります。

2　事件の発生とその概要

　事件の中心人物は、静岡の湊省太郎・山岡音高、浜松の中野二郎三郎、愛知の広瀬茂雄及び岐阜の小池勇らであります。彼らの目的は政府の転覆であって、そのために、彼らは、先ず、資金の確保による組織の強化を目的として銀行強盗事件を引き起しました。

　彼らの当初の目的は、日本各地での一斉蜂起を狙いとするものでありましたが、すでにその頃には、治安当局からは眼を付けられてしまっていたのであって、政府側による鎮圧が相次ぎ、明治17年に湊、広瀬、小池らが飯田事件によって逮捕されたことをきっかけに、その方針を転じ、ついに挙兵を断念し、少数の者による大臣など要職にある人物の暗殺へと向ってしまったのであります。そしてその計画とは、なんと、首相の伊藤博文以下、各大臣を箱根離宮の

落成式において虐殺しようと言う、とんでもない内容のものであり
ました。しかしながら、彼らがその行動を開始する前に、警視庁に
よる一斉検挙が始まったために、この要人暗殺計画は未然に防止さ
れて、これに係わった殆んどのメンバーが逮捕されてしまうと言う
結果になってしまいました。

3　事件の結末

　事件は、彼らの目的においては未遂であったために、この事件に
対して司法当局がとった扱いは、政治犯ではなく強盗犯としてのも
のであって、被告の２５人に対して刑が言い渡され、その中の最高
刑は１５年の徒刑と言う結果のものでありました。
　なお、その後、明治３０年１月に皇太后さまの死去による特赦に
よって出獄した者が８名ほどいますが、そのうちの山岡音高は、そ
の後に米国のシアトル市に移住して、ワシントン州の日本人会長を
務めるなどの活躍をしたのでありました。

第４章　日本の公安事件

その1　日比谷焼討事件

1　事件の背景

　明治３８年（１９０５年）、日露戦争において日本海軍がロシアのバルチック艦隊を撃破したことを契機として、アメリカ大統領の仲介の下で、日露間の和睦交渉が行われることになりました。

　その交渉は小村寿太郎全権特使の下で行われ、その結果、日本は樺太の南半分の割譲と、日本による大韓帝国に対する指導上の優位権などを認めさせることで妥協し、８月２９日に日露講和条約（通称、ポーツマス条約）に調印したのでありました。

　実際のところ、既に日本はその時点において、それ以上に戦争を続行することが困難な疲弊した状況にあったのであります。しかしながら、そのような内情は、国民には知らされませんでした。

2　事件の発生とその概要

　この事件は、明治３８年９月５日に、東京市麹町区（現、千代田区）の日比谷公園にて開催された、日露戦争終結のための日露講和条約（ポーツマス条約）の締結に対して不満を持ち、これに反対するための国民集会が契機となって、その後、これに参加した大勢の市民たちによって、交番や警察署が襲撃されると言った大規模な暴動に発展し、それに伴ってあちこちで破壊行為が生じたと言う、民衆によって引き起されたところの暴動事件であります。

また、その暴動によって東京市内の各所において大規模な火災が発生してしまったことで、その鎮圧のために大勢の警察官等を出動させて、治安の維持と消火活動に当たらなければならなかったと言う、現在の私たちからすれば思い付きもしないような、誠に心外な内容のものでありました。

3　事件の結末

　この事件が生じたことによって、行政機関の機能が麻痺し、首都東京は一時的に無政府状態となってしまったために、翌9月6日に、日本政府は東京市及び域内の5郡に対して戒厳令を発布し、その鎮圧のために近衛師団の出動を要請したことによって、11月末になって、ようやくこの騒動が収束に至ったのであります。
　そして、この騒動によって、死者が17名、負傷者は500名以上にのぼり、また、その後の裁判によって有罪とされた者が87名にも上りました。

その2　幸徳事件

1　事件の概要

　この事件は、明治天皇暗殺計画未遂事件とされるところの、いわゆる公安事件の一つであります。

　宮下太吉他は、長野県東筑摩郡中川手村明科（現、安曇野市）の明科製作所において、特定の目的の下に爆発物を製造し、同村内において、明治４２年１１月３日に、その爆発実験を行いました。したがって、この事件が、別名を明科事件とも呼ばれることがあるのは、このような背景があるからであります。

2　事件の発生とその概要

　事件は、明治４３年（１９１０年）５月２５日、信州に在住した宮下太吉他３名が、明科製作所（当時）において爆発物取締罰則違反の容疑で逮捕されたことによって明らかになりました。

　この事件を引き起こす口実とされたのは、社会主義や共産主義を標榜する者において共通する思想であるところの、天皇制への批判であって、そのことが、当時の政府側が行っていたとされる政治のフレームアップ（政治的なでっち上げ）によって、その識別がより鮮明になって行き、その結果として、幸徳秋水をはじめとする多数の社会主義者らや、無政府主義者たちの逮捕及び検挙が進められていったと言うのが実情であります。

一方、この事件を引き起こした宮下太吉たちが、どれ程に政治的な拘りを持ち得ていたのかが不明でありますが、いずれにしましても、爆発物を製造し爆破実験を行ったと言うこの事件が、明治天皇の暗殺計画未遂事件であるとされている以上、彼らの側には、そのような側面において、明確なる政治的な意識と言うものが働いていたのだと見做すことができます。

3　事件の結末

　この明科事件においては、検挙者が多数に上りましたが、その中で、死刑が執行されたのは、爆発物の製造に直接関わった宮下太吉らの４名、及び幸徳秋水ら無政府主義者の１２名で、他に無期懲役刑者が５名いますが、彼らは、結局、獄中にて死去しました。

　その一方では、仮釈放と言う建て前の下で無事に釈放された者は多数に上ったとされます。

　結局、この事件においては、爆発物を製造したその目的の裏側に特有の意識があったとはされていますが、また、そのことが当局による社会主義者や無政府主義者たちの摘発において、都合よく利用されてしまったのではないかと思える点において、空しさを感じるような事件ではあります。

その3　原敬首相暗殺事件

1　事件の概要

　この事件は、大正１０年（１９２１年）１１月４日に起きたもので、内閣総理大臣である原敬（はら・たかし）が、東京駅の丸の内側出入口において暴漢に襲われ、暗殺されてしまったと言うものであります。この事件を引き起こしたものは、当時、鉄道省の山手線大塚駅に勤務していていた職員でした。

2　事件の発生とその概要

　国鉄大塚駅に勤務していていた中岡は、反政権的な意見の持ち主であった上司の影響を強く受けていたこともあって、原首相が野党の提案による普通選挙法に対して反対していることや、政商や財閥中心の政治が行われていると考えていたこと、また、すでに一連の疑獄事件等が起きてしまっていること等によって、現の状政治への不満を強く抱くようになっていました。

　事件の当日、京都で予定されていた立憲政友会近畿大会への出席のために、原首相は午後７時過ぎに東京駅へ到着し、その後、駅長室へ立ち寄った後、多数の見送り人に囲まれながら、歩いて改札口へと向かっていました。すると、午後７時２５分頃に、周囲を取り囲んだ群衆の中から飛び出して来た人物（後に中岡と判明）が短刀を持って襲い掛かり、首相の右胸を突き刺したのであります。

この暴漢は、すぐにその場にて逮捕されました。一方、深手を負った原首相は、随行員らによって、一旦、駅長室に運び込まれ、応急措置が施された後に、芝公園にほど近い自宅に運ばれて、医師による治療を受けたのでありましたが、受けたその傷が右肺から心臓にまで達していたために、まもなく死亡したのであります。

3　事件の結末

　この事件を起し逮捕された中岡は、その後、東京地方裁判所による裁判によって無期懲役の判決を受け、その後さらに控訴されて異例の速さによって大審院での審判にまで及ぶものの、結局、当初の判決が維持されたことによって、刑務所に拘置されてしまったのであります。しかしながら、その後に減刑措置等と言った特別な処置が取られたために、中岡は、速くも昭和9年には釈放され、その後77歳にて生涯を閉じたのでした。

その4　五・一五事件

1　事件の概要

　この事件は、昭和7年（1032年）5月15日の夕方に起きた反乱事件であります。武装した海軍の青年将校たちが総理大臣官邸に乱入した上で、内閣総理大臣である犬養毅を殺害したと言うものであります。

　大正時代に入り、衆議院の第一党の党首が内閣総理大臣になると言う「憲政の常道」が確立したことで、議会制民主主義が根付き始めはしましたが、昭和4年（1929年）の世界恐慌に端を発した大不況によって企業の倒産が相次いだことで、失業者は増加、農村は疲弊するなどによって社会不安が増し、政党政治および、それによって守られている大財閥が、民衆から敵視されるようになっていました。また、それに加え、昭和5年（1930年）にロンドン海軍軍縮条約を締結した内閣に不満を抱いた一部の海軍将校たちは、クーデターによる国家の改造計画を抱き始めたのであります。しかしながら、当初にその計画の中心にいた人物の藤井斉が、志半ばにして上海事変によって戦死したため、この計画の実行は、その思いを継いだ仲間たちによって動かされたのであります。

2　事件の経緯

　事件の当日は日曜日であって、犬養首相は終日官邸に滞在をして

いました。襲撃メンバー9人のうち5人を表門組、4人を裏門組として2台の軍用車にて首相官邸に向い、午後5時半の頃にそれぞれ官邸建物の内部に侵入、そして、官邸内の日本館にただ一人でいた犬養首相を発見しました。

　侵入者たちは首相を取り囲み、幾つかの問答を行った後、隊長の三上による「問答無用、撃て！」の合図によって複数人が一斉射撃を行ったことで首相は深手を負うこととなり、その後に死亡したのであります。騒動に気付いて駆け寄った女中の話によると、首相は薄らいでいく意識の中で「今の者達を呼んで来い、よく話して言い聞かせてやるから」と言ったとされます。

　なお、この事件に際しては、首相官邸の他に、内大臣官邸、立憲政友会本部、警視庁、変電所、銀行などが並行して襲撃されたものの、それらにおける被害は有意なものではなかったとされます。

3　事件の結末

　この事件の後の、後継首相の選任作業は極めて難航しました。天皇からの要望も寄せられ、また、陸軍による軍人内閣の要求や政党側からの要求ももたらされました。しかしながら、この難しい課題を任されることになった元老の西園寺公望は、元海軍大将で穏健な人格者でもあった斎藤実を後継首相に推挙したのでした。

　この斎藤内閣は、その後の関東軍による満洲（中国の北部地方）への侵攻と言った政治的な情勢変化の中にあって、国内的な面では治安維持等に力を発揮し、政権の安定をもたらしました。

　一方、この事件に関与した者のうち、軍人については軍法会議に

よって、また、民間人については東京地方裁判所において、それぞれ裁判が行われました。

　そして、この事件を主導した者たちに対して、それぞれ次のような罪科が課せられたのであります。

①　首相官邸への襲撃

・海軍中将の三上　　　　　有罪で禁錮１５年（昭和１３年に出所）

・海軍中将の山岸　　　　　有罪で禁錮１０年

・海軍小将の村山　　　　　有罪で禁錮１０年

・海軍予備少尉の黒岩　　　有罪で有罪（禁錮１３年）

・陸軍士官学校生６人　　　禁錮４年

②　内大臣官邸への襲撃

・海軍中将の古賀　　　　　有罪で禁錮１５年（昭和１３年に出所）

・陸軍士官学校生４人　　　禁錮４年

③　立憲政友会本部への襲撃

・海軍中将の中村　　　　　有罪で禁錮１０

・陸軍士官学校生３人　　　禁錮４年

④　反乱の計画と準備

・海軍大尉の塚野　　　　　禁錮１年（執行猶予２年）

・海軍大尉の林　　　　　　禁錮２年（執行猶予５年）

・海軍小尉の伊藤　　　　　禁錮２年（執行猶予５年）

・海軍小尉の大場　　　　　禁錮２年（執行猶予５年）

その5　二・二六事件

1　事件の概要

　この二・二六事件とは、皇道派の影響を受けた陸軍青年将校らが大勢の下士官・兵を率いて起こしたところの、いわゆるクーデター未遂事件のことであって、事件は、昭和１１年（１９３６年）２月２６日から２９日にかけて生じました。

　昭和の初期にあっては、青年将校らは、政治の腐敗や農村部における困窮の原因が元老政治にあるものとして、元老や重臣さえ排除すれば、天皇による親政が実現し、諸々の政治的な課題が速やかに解決するものと考えていました。

　一方、陸軍の首脳部は、そのような青年将校たちの動きを内閣に対する一種の牽制の材料として利用していましたが、しかし、陸軍と内閣との関係が徐々に良くなってくるにつれて、それが目障りと考えられるようになって行き、ついに、その運動の中心になっている青年将校たち大勢が属している師団を、満洲の地へ派遣することにしたのであります。

　その結果、青年将校たちは、満洲への派遣が挙行される前の２月２６日の未明に、その部下である大勢の下士官総勢１４８０名余を引き連れて、クーデターを決起したのであります。

2　事件の経緯

クーデターを決起した将校らは、それぞれ各部の連隊を指揮して、岡田内閣総理大臣、鈴木侍従長、斎藤内大臣、高橋大蔵大臣、渡辺教育総監、牧野前内大臣らの拘束を狙い、首相官邸、警視庁、内務大臣官邸、陸軍省、陸軍大臣官邸、参謀本部、及び東京朝日新聞等を占拠したのであります。そして、その中で要人に対する殺戮までが行われてしまいました。

　その上で、彼らは陸軍首脳部を通じ、昭和天皇に向って昭和維新の実現を訴えかけたのであります。しかしながら、天皇は激怒してこれを拒否し、逆に、自ら近衛師団を率いての鎮圧行動も辞さないとのご意向を示されたのであります。

　この事態によって、陸軍首脳部は遂に彼らを「反乱軍」として処すべく、武力による鎮圧を決定して、この反乱軍を包囲し、彼らに投降を呼びかけることにしたのであります。その結果、反乱軍側の将校たちは、止むを得ず、下士官らを原隊に帰還させた上で、投降することにしたのでありました。

3　事件の結末

　事件は表向きには解決されましたが、一方、多数の要人らが殺害されたために、このクーデターを決起し指揮した将校たちに対しては、いずれも厳しい措置が取られました。

　この事件が起きたことによって、当時の岡田内閣が総辞職し、これに代って登場した廣田内閣は、この事件の経緯を踏まえて思想犯保護観察法を成立させました。

　なお、この事件による要人の被害については次の通りです。

- 高橋是清 （大蔵大臣）　　　　　死亡
- 斎藤　実 （内大臣）　　　　　　死亡
- 渡辺錠太郎 （教育総監・陸軍大将）　死亡
- 鈴木貫太郎 （侍従長）　　　　　重傷
- 松尾伝蔵 （内閣嘱託）　　　　　死亡
- 松尾伝蔵 （首相秘書官）　　　　死亡
- 警察官 （5人）　　　　　　　　死亡

その6　横浜事件

1　事件の概要

　横浜事件は、第二次世界大戦中の昭和１７年（１９４２年）から昭和２０年にかけて生じたもので、雑誌に掲載された論文の内容がきっかけとなって、その編集者及び新聞記者ら約６０人が逮捕されて、そのうちの約３０人が有罪となり、４人が獄死したと言う事件であります。戦後、無実を訴える元被告人やその家族・支援者らが再審請求を続けた結果、平成１７年（２００５年）に再審が開始されて、その結果、罪の有無を判断せず、裁判の打ち切りを意味する判決であるところの免訴が下されました。

2　事件の経緯

　昭和１７年に、総合雑誌「改造」の８〜９月号に掲載された細川嘉六の論文「世界史の動向と日本」が、共産主義的でソ連を賛美し政府のアジア政策を批判するものである、として問題になり、この雑誌は発売禁止の処分にされてしまいました。そして執筆者の細川嘉六が新聞紙法違反の容疑で逮捕されたのです。
　この事件の捜査中に、細川と「改造」や「中央公論」の編集者などが同席した、細川を中心にした集合写真が細川の郷里の富山県内の料亭で見つかり、日本共産党の再結成に関する謀議を行っていたものとされました。しかし、その写真は実際には、細川たちが昭和

１７年７月５日に、出版記念の際に催した宴会の際のものだったとされます。

　そして、昭和１８年に、改造社や中央公論社を始めとして、朝日新聞社・岩波書店・満鉄調査部などに所属する関係者、約６０人が次々に治安維持法違反容疑で逮捕されて収監されると、神奈川県の警察特別高等課（いわゆる特高）は、尋問のために被疑者を竹刀で殴打して、被疑者が失神すると、その気付け用にバケツの水を掛ける等の激しい拷問を行ったために、４人もが獄死してしまうと言う凄まじいものでありました。そして、これが後に「横浜事件」と呼ばれるものとなったのであります。

３　事件の結末

　この事件の判決が下ったのは、いわゆる玉音放送（昭和２０年８月１５日）直後の時期の駆け込み判決であって、その結果、３０人程が執行猶予付きの有罪とされました。しかしながら、その当時の公判記録は、GHQ による戦争犯罪訴追を恐れた政府関係者の手によって焼却されていて、現在は全く残っていません。

　従って、その後の再審請求に際して遺族が提出した証拠の「確定判決書」は、アメリカ国立公文書記録管理局にて保存されていた物の謄本であります。そして、これによって、当時、直接手を下した元特高警察官３０人が告訴されて、そのうち３人が改めて有罪となりなした。しかし、それも、その後の日米間の平和条約発効に伴う大赦によって、その全員が免訴となってしまいました。

その7　菅生事件

1　事件の概要

　この事件は、昭和２７年（１９５２年）６月２日、大分県直入郡菅生村（現在の竹田市菅生）の駐在所が何者かに爆破されたことにより、直ちに日本共産党員ら５名が逮捕・起訴されたと言うものであります。被告人とされた者の全員が事件との関係を否定しましたが、それにもかかわらず、一審の大分地方裁判所においては、全員が有罪とされてしまったのであります。

　しかし、その後の弁護団や報道関係者による調査によって、この事件に、現職の警察官Ａが関与していることが明るみに出たことによって、二審の福岡高等裁判所は、被告人全員に対して無罪の判決を下したのでした。

　この事件は、数少ない日本の免罪事件の一つとして数えられ、公安警察による「でっちあげ」、つまり謀略事件の一種ともされる特質のものであります。一方、警察官Ａは、日本共産党への潜入捜査の過程で、爆発物運搬に関する罪を犯したとして起訴され、有罪になりましたが、刑は免除されて警察官に復職しました。

2　事件の経緯

（１）　事件の発生から一審の有罪判決まで
　６月２日の午前０時半ころ、菅生村の巡査駐在所でダイナマイト

入りのビール瓶が爆発し、建物の一部が破壊されました。警察は事前に１００人近い警察官を張り込ませていて、爆発直後に現場付近を通りかかった日本共産党員２人と、その仲間の３人を直ちに逮捕しました。そこには新聞記者も待機していたために、翌日の各紙では「日共武装組織が一斉に検挙された」と報じられました。駐在所巡査の妻は記者会見で、「私は昨夜、駐在所が爆破されるのを知っていました。主人から、今夜、共産党員が駐在所に爆弾を投げ込みに来ると聞かされていました」と語り、警察が事件を事前に察知していたことを窺がわせています。

　検察は、逮捕された５人のほか、氏名不詳の人物１人が事件に関与しているとする起訴状を裁判所に提出し、それによって公判が始まったのであります。そして、この裁判において警察は、弁護側から、なぜ当日、現場に多数の警察官が待機していたのかを追及され、これに対しては、共産党員を被疑者とする「牛の密殺事件」を捜査中、偶然に事件に遭遇した旨を弁明しました。

　　一方、被告人らは、事件の２日前の５月３０日の夜に、「市木春秋」と名乗り、数カ月前から接触してきた自称共産党シンパの男に、「西洋紙や壁新聞用のポスターカラーを寄付したい」旨を伝えられて、当日は、駐在所近くの中学校に当日午前０時に呼び出されて男に面会し、そして、別れた直後に突如として爆発が起きたものであって、その「市木」は、警察の車に乗って行方をくらましましたとの主張を行って、無実を訴えました。

　しかし、昭和３０年７月の大分地裁での一審判決においては、殺人未遂は否定されたものの、首謀者に対して懲役１０年の刑が課せられるなど、５人全員が有罪とされたのであります。

（2）　潜入捜査の発覚

　弁護団の調べによると、「市木春秋」なる者は、事件直前の昭和
２７年に村に移り、地元の製材所において会計係として働いていま
した。そして、共産党への協力や入党を申し入れる等によって、被
告人らに接近を図っていたとされます。この「市木」は、５月１日
に「革命は近いぞ、覚悟はよいか」と書いた脅迫状を駐在所に投げ
込んだことも判明しました。

　被告側は、控訴審中にも現場調査を続けた結果、「市木春秋」を
名乗る男が、国家地方警察本部大分県本部（現、大分県警本部）警
察課の巡査部長Ａである疑いを強めました。Ａは、昭和２７年頃の
ちょうど「市木」が菅生村に姿を現す少し前から行方不明になって
いました。そして、弁護団はＡの写真を「市木」を知る村民に見
せて廻り、その多くから、同一人物であると言う証言を得たのであ
ります。その結果、Ａが、現在は国家地方警察本部（現・警察庁）
の警備課に採用されて、東京都新宿区番衆町のアパートに潜伏して
いることなどが明らかになりました。

　これらの結果、法務大臣や国家公安委員会委員長は、当該事件に
際して、Ａを「潜入捜査」に利用したと認めるに至り、また、警察
庁長官も、同様に国会での追及を受けたのであります。

3　事件の結末

　この事件は地方の一地域において、日本共産党を弾圧するための
方策として、公安警察によって行われた自作自演の駐在所爆破事件
であります。そして、犯人として扱われて一旦は逮捕・起訴された

5人の日本共産党関係者の全員については、後に、あらためて無罪が確定したと言う、いわゆる免罪事件であります。

　一方、当時、巡査部長としてこの事件を担当し、潜入捜査まで行っていた警察官（A）は、無罪判決が確定した後において昇進を続けており、警察大学校の教授などを歴任しつつ、ノンキャリア組の限界とされる警視長までの昇進を果しました。

　なお、この事件は、事件直後の昭和２７年７月４日に成立した破壊活動防止法の成立に対し、追い風になった出来事でもあると言われます。

その8　三億円強奪事件

1　事件の概要

　この事件は、昭和43年（1968年）12月10日に、東京都府中市において発生したもので、現金約3億円入りの現金輸送専用トランクが、何者かによって車両ごと強奪されたと言う内容のものであります。
　強奪されたこの現金は、東京芝浦電気（現・東芝）府中工場の従業員のボーナス用として、銀行の専用車によって銀行員添乗の下で運ばれていたものであります。そして、その運搬途上において、警察の白バイ隊員に変装し、白バイに偽装したオートバイに乗って追走してきた者に停車を命じられため、「どうしたのか」と問い正したところ、その者が言うには「爆発物が仕掛けられた恐れがある」とのことであったため、乗務員らは下車して一旦避難したところ、その者は、捜索をする振りをしながら、乗ってきた偽装オートバイを現場へ残したまま、この現金輸送車を乗り逃げしてしまったのであります。

2　事件のその後の状況

　この事件が発生した1時間半後の9時50分には、警視庁は東京都内全域に緊急配備体制を敷いて、要所・要所での検問を速やかに実施したのでしたが、その段階においては、犯人の発見に至ること

ができませんでした。またその後においても、現場に残された物証を頼りにして、過去に例のない多数の捜査員を投入した上での大規模なローラー作戦を展開したり、あるいは犯人のモンタージュ写真をあちこちに掲示し、市民からの情報を収集したり、更には、大勢の専従の捜査員をおいて、僅かな物証を頼りに地道な捜査を長期に亘って繰り返したのでありましたが、それにも拘わらず、残念ながら、結局、有力な情報を掴むことが出来ませんでした。

3 事件の結末

そして、その後から時効に至るまでの２０年間に、警視庁が容疑者として調査の対象とした人物は、実に１１万人にも上る、空前の大捜査を展開したのであります。しかしながら、結局のところ犯人の発見や容疑者の特定にまでは至らず、ついに時効を迎えることとなってしまい、この事件は未解決事件となって、犯罪史上に汚名を残す、誠に残念な結果となってしまいました。

その9　浅間山荘事件

1　事件の概要

　この事件が起きたのは、昭和４７年（１９７２年）２月１９日のことで、連合赤軍（共産主義革命的な思想に傾倒した大学生たちによる過激派集団）の残党らが、それまでの逃走の過程で起した事件によって公安警察に追われた続け、ついに、長野県軽井沢町南部の丘陵地にあった「浅間山荘」なる某企業の保養所に侵入して、その管理人を人質にとって立て籠った結果、その後、公安警察部隊との間で、延べ１０日間に亘って、銃器を用いた凄まじい攻防戦が展開されることになったと言うものであります。

　そして、この事件は、その様子が連日のようにテレビ中継されたことによって、その視聴率が、それまでの最高を記録したと言われる内容のものでもあります。

2　事件発生の経緯

　昭和４７年頃から、その後に連合赤軍派となる革命左派系、京浜安保共闘系および共産主義者同盟赤軍派の者たちは、銀行強盗事件や真岡市銃砲店襲撃事件を引き起こし、それにより資金と銃・弾薬を手に入れた上で、あちこちで事件を引き起こしながら逃走を続けていました。そして、警察の眼を逃れるため、遂に群馬県の山岳地帯に逃走し、そこをベースとして、その構成員に対し「共産主義化

した革命戦士」に必要なスパルタ的指導と称し、暴行や身体の拘束及び絶食を強要して行った結果、短期間の間に１２名にも上る犠牲者を出す事態となってしまい、これによって、ついに組織内部の崩壊が進んで行ったのであります。

　その後、坂口・坂東らの５人は、最高幹部の森と永田たちからは別れ、東京で借りたレンタカーにて信州方面へ向かって移動を開始しました。そして、途中で警察官２人に出会い、職務質問を受けることになってしまいましたが、警察官が眼を離したその隙に坂口らの５人が逃亡を行い、その後、彼らは雪山の道なき道を徒歩で進んで峠を越え、翌日、ようやく南軽井沢の新しい別荘地にたどり着いたのでした。しかし、そこには既に長野県警の機動隊が配備されていることに気付いた彼らは、更に移動して、遂に山中に浅間山荘を発見するに至ったのでした。そして管理人の妻を人質として、彼らはここに立て籠ったのであります。

　これが２月１９日のことであり、この浅間山荘への立て籠り事件の始まりとなりました。

３　事件のその後の展開

　翌日の２月２０日、坂口、坂東、吉野の三人は、今後の方針について協議を行いました。吉野は、警察による包囲網を強行突破することを主張しましたが、他の２人はこれに同意しませんでした。そして、坂口が主張する「ここで徹底抗戦する。警察には絶対に降伏しない。１日でも永く闘うことに意義がある。」との考え方に、他の者も同意することになったのでした。

そして、このことは、帯同中の加藤兄弟に対しても説明されたのであります。なお、拘束していた管理人の妻に対しては、自分たちの立場を説明した上で、その拘束を解いたのであります。

　２月２２日の午前中に、吉野の母親が機動隊に導かれながら、現場に立ち、立て籠もり中の赤軍派メンバーに対してマイクで撤退を呼び掛けましたが、彼らはそれには応ぜず、むしろ態度を硬化させてしまい、逆に発砲を行ったのであります。

　２月２６日の夕方に、山岳ベース事件の犠牲者の両親が現場に到着し、呼びかけを行いました。この時、立て籠もりのメンバー全員は、ベッドルームに集まってこれを聞いたとされます。そして、この呼びかけを聞いた時に、その者が既に山岳ベース事件にて犠牲になっていたことを知っていために、彼らは言いようのない胸の圧迫を感じたと言います。

　２月２８日、機動隊は、９時５５分に最後通告を行った上で、直後の１０時に、まず、「モンケン」なる建物破壊のための特殊機械を用いて建物の壁面に大穴を開けた上で、その穴から激しい放水を行ったのであります。そして遂に、機動隊による浅間山荘への突入作戦が開始されて、混乱する現場から人質の救出が行われ、そして遂に犯人たちの検挙が行われました。しかしながら、その間において、機動隊側の隊員２名が犠牲になり、また、山荘に近づいた民間人１人が死亡、カメラマンら計１６人が重軽傷を負うという悲惨な結果となってしまいました。

　なお、この事件が長期化したのは、人質の無事な救出が最優先であったことと、事前に、犯人を生け捕りにするとの方針が警察の上層部から下されていたからだとされます。

4　事件の結末

　この事件によって、連合赤軍派は幹部全員が逮捕されてしまったために、事実上崩壊しました。また、その後に行われた取り調べによって、仲間内でのリンチ殺人事件（山岳ベース事件）が行われていたことが発覚し、世間に大きな衝撃を与えました。

　一方、この事件に関しては、余波とも言えるような出来事が二つ生じました。その一つは、この事件後に警察庁が通達を発し「銃器等使用の重大突発事案」に対処するために、特殊部隊の編成を行うこととしたことであり、もう一つは、昭和５０年（１９７５年）に日本赤軍が引き起こしたクアラルンプール事件にて、赤軍の要求に応じ、この「浅間山荘事件」の犯人の一人である坂東国男が「超法規的措置」によって釈放されて、この日本赤軍に合流したことであります。そして、これは、その後に日本赤軍が引き起こした、類似事件への悪い先例となってしまいました。

その１０　連続企業爆破事件

1　事件の概要

　連続企業爆破事件とは、革命的な思想によって連帯した「東アジア反日武装戦線」を名乗る新左翼系の活動家集団が、旧財閥系有名企業を日本での東アジア侵略の元凶と見做し、その活動を妨害する目的をもって引き起こした複数の事件のことであります。

　彼らは、大手ゼネコンの社屋・施設などに爆弾を仕掛け、これを爆破させて危害を加えると共に、その存在を社会に向けてアピールしようとしました。本稿において主に記すのは、その中で最も代表的な事件とされる三菱重工ビル爆破事件のことであります。

2　事件発生の経緯

　三菱重工ビル（現、丸の内２丁目ビル）爆破事件は、昭和４９年（１９７４年）８月３０日に起こされたもので、この事件によって８名が死亡し、３８５名もの重軽傷者がでました。

　事件直後に、警視庁丸の内警察署に設置された特別捜査本部においては、公安部・刑事部の双方に大勢の警察官が投入されて、異例とも言える捜査体制がとられました。そしてその現場検証において、現場に散乱した大量（約４０トン）のガラス片等の中から、時限装置の材料と見られる時計や乾電池などが発見されたのであります。その結果、爆弾は、ペール缶２個に詰められた５５ｋｇの塩素酸系

のものであること、また、爆薬は、除草剤を転用した塩素酸ナトリウム系ものであることが判明しました。この結果を踏まえ、特別捜査本部によって、事件はアナキズム（無政府主義）思想の極左暴力集団による犯行であると断定されたのであります。

　一方、この事件を実行した者の特定については困難を極めました。東アジア反日武装戦線は、その翌年にかけて類似の事件を多数引き起こしましたが、この際に彼らが取ったとされる不審な行動が特別捜査本部に寄せられたことによって、警視庁によるローラー作戦が展開されて、遂にその実行犯が特定されるに至り、彼ら（東アジア反日武装戦線）であることが判明したのであります。

3　事件の結末

　この事件が連続企業爆破事件と呼称されるのは、その後に生じたオリエンタルメタル社や韓国産業経済研究所等々と言った、一連の爆破事件に関しても、彼らのアジトからその犯行声明文の書き損じなどが発見されたりしたことによってその因果関係が特定され、彼らの犯行であることが裏付けられたであります。

　なお、これらの事件に関しては、裁判での係争中に、日本赤軍が海外にて引き起こしたクアラルンプール事件や、ダッカ日航機ハイジャック事件における彼らの人質作戦によって、この連続企業爆破事件関係者のうちの３人までが、いわゆる超法規的措置によって釈放されることになり、国外に逃亡した後に、日本赤軍に合流したのであります。

その11　地下鉄サリン事件

1　事件の概要

　この事件は、平成7年（1995年）3月20日に、東京都内を走行中の地下鉄車両において引き起こされた、毒物のサリンを使用したところの同時多発テロ事件であります。

　事件は、宗教団体のオウム真理教による多数のメンバーによって引き起こされたもので、帝都高速度交通営団（現在の東京メトロ）の営業運転中の地下鉄車両内で有害な神経ガスの「サリン」が散布されたことによって、乗客・乗員の人々及び救助に当たった多数の人々に、死亡を含む重篤な被害が及んだと言う、過去に類例のない無差別テロ殺人が引き起こされたと言うものであります。

　事件が、平時の大都市において化学兵器を用いて無差別に行われたと言う面において、これは世界でも例を見ない極めて特異なテロ事件の発生であって、そのために、この事件発生のニュースは直ちに世界を駆け巡ることになりました。

2　事件発生の経緯

（1）事件発生前後の状況

　3月20日午前8時のころ、東京都内を走行中の帝都高速度交通営団（現、東京メトロ）の千代田線で1編成、丸の内線と日比谷線で上り下りの各2編成の合計5編成の地下鉄車内において、化学兵

器として使用されることのある、神経ガスのサリン溶液が散布されて、これによって乗客及び駅員ら１４が死亡したほか、６３００人にのぼる負傷者が発生したと言う、世界中でも他に類例のない事件が発生してしまったのであります。

　この事件は、オウム真理教によって引き起こされたもので、事件の当日は教団員のメンバー１０人が２人づつ組んで５組となって、約５００ｇ（サリン濃度は約３５％）の溶液入りのビニール袋を各組が二個づつ持ち、それぞれが指定された車両に乗り込みました。その上で、その袋を床において笠の先で袋を突き、穴を開けた上で逃走したのであります。当日は月曜日で、オウム真理教のメンバーが行った行為は、混雑した車内において密かに行われました。

（２）サリンが散布された路線の状況
　サリンが散布された地下鉄各路線の状況については、概略以下のとおりでありました。
○　千代田線（我孫子発代々木上原行）
　林が担当し、北千住駅から乗車して、新御茶ノ水で予定の行動を行った上で逃走した。
○　丸の内線（池袋発荻窪行）
　広瀬が担当し、池袋駅から乗車して、新御茶ノ水で予定の行動を行った上で逃走した。
○　丸の内線（荻窪発池袋行）
　横山が担当し、新宿駅から乗車して、四ツ谷付近で予定の行動を行った上で逃走した。
○　日比谷線（中目黒発東武動物公園行）

豊田が担当し、中目黒駅で乗車して、恵比寿駅付近で予定の行動を行った上で逃走した。

○　日比谷線（北千住発中目黒行）

　林が担当し、上野駅から乗車して、秋葉原駅付近で予定の行動を行った上で逃走した。

　なお、犯行に及んだ２人組メンバーの内の一人は、それぞれが各実行者の現場への行き返りを支援しました。

3　事件の状況

　オウム真理教による地下鉄車内でのサリン散布の影響は、直ちに現れました。８時１０分には、最初に日比谷線の社内において乗客が倒れ始めたほか、他の路線の車内においても異臭騒ぎが始まっていました。この事態を重く受け止めた営団地下鉄は、全ての路線での列車の運転見合わせを決定し、その旨を社内の乗客たちにも伝えたのでありました。

　そして、消防庁の応援を得て、被害者が多く発生した霞が関・築地・小伝馬町・八丁堀・神谷町・新高円寺、そして人形町・茅場町・国会議事堂前・本郷三丁目・荻窪・中野坂上・中野富士見町の１３駅において救護所を設置し、病院搬送前における被害者の救護のための対処を開始したのであります。

　その後、事態が落ち着いたのを確認した後に、日比谷線については終日運転を取り止め、丸の内線と千代田線については、被災車両を退去させた後に、一旦運転を再開したものの、その後、サリンの散布が明らかになったために、結局、終日に亘って運休とすること

となり、その後は、各被災車両について、自衛隊による除染が行われることとなりました。

4 事件の結末

　この事件の様子を目撃した人は、後に地下鉄の入口が、さながら戦場のようであったと語っています。被害者の多くが路上に寝かされ、呼吸困難な状況に陥っていたのであります。サリンの影響を受けた被害者のうち、軽度と看たてられた人は、身体的な兆候がみられたにも拘わらず、医療機関での受診を経ずに職場復帰を行った者もいるようですが、その反面、多くの人たちが体調不良となり、その後の治療によってもすぐには症状が改善せず、また、その中においては、今もって体調不良で悩まされている人が幾人もいると言われています。

　いずれにしても、このような異常な事件が大都会の真っただ中で生じるようでは治安の維持に手抜かりがあったと言う他はなく、とても文明国と見做すわけにはいかないのであって、この事件の発生は、治安の維持に向けた、官民を合わせた、より一層の努力が求められることを、悲惨なる現実をもって知らしめました。

その１２　警視庁長官狙撃事件

1　事件の概要

　事件は、平成７年（１９９５年）３月３０日午前８時３１分の頃に、警視庁國松長官が出勤のために東京都荒川区南千住の自宅マンションを出たところ、付近で待ち伏せていた男によって拳銃４発の発砲が行われ、そのうち３発が腹部などに当たったために、直ちに日本医科大学付属病院高度救急救命センターに搬送された、と言うものであります。國松長官は、一命は取り留めたものの、全治１年６カ月に及ぶ瀕死の重傷を負ったのであります。

　この犯行を行った男は、その後、自転車でＪＲ南千住駅方面に逃走するのが通行人によって目撃されており、また、その現場からは朝鮮人民軍のバッジや、大韓民国の１０ウォン硬貨が発見されたとされます。

　なお、國松長官の容態は重傷であって、その手術中には心停止が３回も生じるような危篤状態にまで陥ったものの、その後回復して手術後２ヶ月半後には公務に復帰しました。

2　事件の背景とその後の経緯

　実は、この事件が生じる１０日前の３月２０日には、地下鉄サリン事件が発生しており、事件を引き起したとして「オウム真理教」に嫌疑が向けられ、８日前の３月２２日に、山梨県内のオウム真理

教関連施設への一斉強制捜査が行われていました。そのため、この國松長官狙撃事件についても、真っ先にオウム真理教対して嫌疑が向けられていて、その前提に立った捜査が行われました。その結果オウム真理教の元信者であった警視庁巡査長（事件当時３１歳）が容疑者として浮んだために、取り調べを続けたところ、平成８年になって、犯行の具体的な状況や、使用した拳銃を神田川に捨てた旨を供述したのであります。しかしながら、その後の捜索によってもこの拳銃の発見には至りませんでした。そして、この巡査長は情報を漏洩したとの嫌疑によって免職となってしまいました。

　また、この問題の処理に手落ちがあったとして、警視庁においては、警視総監の辞職と公安部長の更迭にまで至りました。

3　事件の結末

　平成１１年（１９９９年）、特別捜査本部は捜査のやり直しを決定し、捜査員が元巡査長との接触を繰り返しているうちに、新たな供述が捜査結果と一致するようになったことから、事件発生から既に９年余りを経た平成１６年になり、元巡査長の会社員及びオウム真理教幹部らの４人が警視庁に逮捕されることとなりました。

　しかしながら、元巡査長の供述は二転三転し、他の３人においても事件との関りを頑なに否定するなどして、証拠固めが極めて困難であったことから、結局、東京地検はこの事件の容疑者全員を処分保留のまま不起訴として、釈放したのであります。

その13　オウム真理教の終焉

1　事件の概要

　オウム真理教とは、教祖の麻原彰晃（本名、松本智津夫）が、宗教団体を隠れ蓑にして一般社会から孤立した集団を創り、その組織の中で固有の世界観をもって振る舞ったことによって、諸々の社会問題を生んだと言う暴力的な組織集団のことであります。

　その結果、一般人の拘束及び組織内における暴力や殺人事件、そして、この組織の活動に対して不審を抱いて行動した、坂本弁護士一家を殺害してしまうと言った諸々の不法な暴力行為を生み、その後も、次々と類似の事件を引き起こすことになってしまったことによって、それが一般社会に対し、大きな不安を引き起こす原因にもなっていました。

　そして、ついに警察庁が摘発に乗り出すに至り、公安組織の総力を挙げた掃討作戦によって、ついに、富士五湖にほど近い山梨県内の丘陵地に存在した教団の本部が捜索を受けて、教祖の麻原彰晃他の主だった幹部たちが逮捕されると言う、待望の結末にまで至ったのであります。

2　オウム真理教が関わった事件

　このオウム真理教は、その存在が世間に知られるようになる以前から、数々の不法行為を行ってきました。その主なものを揚げると

次のようになります。

○　坂本弁護士一家殺人事件　　　　昭和６４年１１月
○　逆さ吊り死亡事件　　　　　　　平成　５年　６月
○　薬剤師リンチ殺人事件　　　　　平成　６年　１月
○　松本サリン事件　　　　　　　　平成　６年　６月
○　男性信者リンチ殺人事件　　　　平成　６年　７月
○　会社員 VX 殺害事件　　　　　　平成　６年１２月
○　公証人役場事務長監禁致死事件　平成　７年　２月
○　地下鉄サリン事件　　　　　　　平成　７年　３月

3　オーム真理教の最後

　そして、ついに警察庁が摘発に乗り出し、公安組織の総力を挙げた掃討作戦によって、富士五湖に近い山梨県内の丘陵地に立地した教団の本部及び付帯する施設が捜索を受けて、教祖の麻原彰晃他の主だった幹部たちが一斉に逮捕されると言う、かねてより待望されていた結末に至ったのであります。

　また、その後には、この地に設けられていた教団の施設（サリン製造施設を含む）がすべて強制的に撤去されました。

　その後、平成２３年（２０１１年）には、この事件において起訴されていた全ての刑事事件に対する裁判が終結して、合計１８９人が起訴され、１３人の死刑判決と、５人の無期懲役の判決が確定をしました。また、その後には、逃亡中であった幹部ら２人が警視庁に出頭したために逮捕され、その者を匿って逃亡に協力した元信者

117

も逮捕・起訴されました。そして、これによって、この事件に関る特別手配の対象となった者は、すべて逮捕・起訴されたのであります。その後、平成３０年７月６日に、まず麻原とその側近ら７名に対する死刑が執行され、続く７月２６日に、他の側近ら６名に対する死刑が執行されたことによって、この事件は、法的な意味合において収束することになったのであります。

第５章　歴史的な市民型反対闘争

その1　血のメーデー事件

1　事件の概要

　血のメーデー事件は、GHQ（連合国軍最高司令官総司令部）による占領が続いていた時代の昭和27年（1952年）5月1日に東京神宮外苑で発生したところの騒乱事件であって、この事件の本質は、一部の左翼団体による、暴力的革命実践のための準備運動の一環として行われたものであると見られています。

2　事件の経緯

　この日、中央メーデーに参加したデモ隊（全学連の学生が主体）と、それによる雑踏防止のための警備に当たっていた警視庁の警備隊とが、日比谷交差点付近において衝突し、警視庁丸の内署の60人にも上る隊員とデモ隊の間で騒乱状態となった結果、その双方に多数の負傷者がでた他に、外国人（駐留米国軍人）の多数の乗用車への投石があって、その多くが破損してしまうと言った大きな騒動となってしまいました。
　また、デモ隊側は次第に北上して馬場崎門に達し、ここにおいて第一方面予備隊と、近隣の三つの警察署から得た応援者総勢470名との間においても衝突が繰り返されて行き、ついに皇居前広場へとなだれ込んだのです。
　この騒動は、その後においても、その範囲を更に拡大させて行き、

騒動の始まった時間（１２時半ころ）から約３時間が経過した頃になって、ようやく鎮圧されると言う、未曽有の大騒乱となったのであります。

　その結果、この騒動において、デモ隊側では死者１名、重軽傷者が約２００名となり、また、警察側においては負傷者８３２名（うち重傷者７１名）を出すと言う極めて大規模な流血の惨事となってしまったのであります。

3　事件の結末

　この事件においては、デモ隊側の中から１２３２名もが逮捕され、そのうち、２６１名もの人たちが騒乱罪の適用を受けて起訴されてしまいました。そして、その後の裁判においては、検察側と被告側とが鋭く対立したために判決が著しく遅れ、結局、２０年を経た後の昭和４７年１１月の東京高裁による控訴審判決において、騒乱罪の適用は破棄され、１６名の者に対して暴力行為としての有罪判決が下り、その他の者は無罪とされたのでした。なお検察側は、年数を経た後の結果のことでもあって、この判決に対する上告を断念したのであります。

その2　砂川闘争

1　事件の概要

　砂川闘争とは、在日米軍立川飛行場（立川基地とも呼ぶ）の拡張問題に反対して、東京都北多摩郡砂川町（現在の立川市）において昭和３０年（１９５５年）から昭和３５年（１９６０年）の間まで続いた、いわゆる住民闘争のことであります。

2　事件の経緯

　昭和３０年３月、在日米軍は日本政府に対し、ジェット爆撃機の発着のためとして、小牧・横田・立川・木更津・新潟の計５箇所の飛行場の拡張を要求してきました。これを受けて調達庁東京調達局立川事務所長は、同年の５月４日に、砂川町長の宮崎傳佐衛門に対して、立川基地の拡張を通告しました。

　そして、この話題はたちまち町中に広まるところとなったために５月６日には拡張予定地内の関係者が集められ、協議に及んだ結果、その総意は「絶対反対」と言う結果となったのであります。そのために、急拠、役員間の話し合いによって「砂川基地拡張反対同盟」の結成を申し合わせ、その後の８日には基地拡張反対総決起大会を開催したのであります。また、その後においては、砂川町議会においても基地拡張反対が決議されました。これが砂川闘争の初期における経緯の粗筋であります。

① 流血の砂川

　同年９月１３日からは、基地拡張のための測量が開始されたことによって、その警備に当たっていた警官隊と地元の反対派勢力とが衝突し、これによって２０人余りの重軽傷者が出てしまいました。この反対派勢力と武装警官隊との衝突はその後も続いてしまい、その結果、１１９５人もの負傷者が出て、１３人が検挙される事態となってしまったのであります。これがいわゆる「流血の砂川」と呼ばれる事件のあらましであります。なお、流血事件が生じたために政府はこの測量を一旦中止としました。

② 砂川事件

　翌年の６月２７日からは、滑走路の拡張に係わる強制測量が行われましたが、その際に、立入禁止とされる境界の柵を壊して基地内に立ち入ったとして、９月２２日に、学生や労働組合員ら２３人が検挙され、そのうちの７人が、日米安全保障条約に基づく刑事特別法違反の罪に問われて起訴されることになってしまいました。そして、その後に行われた裁判において、一旦、被告全員が無罪とされたのですが、その後の上告審によって最高裁判所が出した判決により原判決が破棄され、逆転して被告全員に対し有罪が言い渡されて、これによって判決が確定してしまいました。

3　事件の結末

　この事件の後、米軍は立川飛行場の滑走路の延長計画を取り止め、翌年（昭和４４年）１０月に横田飛行場（東京都福生市）への移転を発表したため、その後、日本政府もこの計画を中止しました。

その3　日米安保反対闘争

1　事件の背景

　第二次大戦にて敗戦国となった日本は、昭和２６年（１９５１年）９月８日に、米国のサンフランシスコにおいて、米国及び英国を始めとする、第二次世界大戦における戦勝国側に立つ４７ケ国との間にて平和条約（通称、サンフランシスコ平和条約）を締結しましたが、その交渉において、主席全権大使を務めた吉田茂（後の総理大臣）は、同時に、この平和条約に付帯した特約（第６条の但し書のことで、二国間協定によって特定国の駐留を容認すること）に基づいた日米安全保障条約（通称、日米安保条約）に対しても署名を行っていたのであります。

　その結果、この特約によって戦勝国側であるアメリカは、日本に駐留することが可能になったのであります。

2　事件の経緯と概要

　この日米安保条約は、その後、昭和３３年頃から自由民主党（通称、自民党）の岸信介内閣によって改定のための交渉が行われ、その結果、昭和３５年（１９６０年）１月に岸首相が率いる全権団が訪米してアイゼンハワー大統領と会談し、１月１９日に新安保条約の調印が行われました。その結果、この新安保条約においては、次のような改定がおこなわれました。

○　内乱に関する条項の削除

○　日米共同防衛の明文化

○　在日米軍の配置等に対する両国政府の事前協議制度の設置

　さて、岸首相らが帰国し、新条約の承認を巡る国会審議が始まると、安保廃棄を掲げる日本社会党の抵抗によって、国会はたちまち紛糾してしまいました。そもそも、第二次世界大戦の終結から日が浅く、人々の戦争に対する拒否感が強かったことや、大戦を率いた東条内閣の閣僚であった、岸首相への反感があった強かったことも影響して、この当時、多くの一般市民は政権への批判を強めており、新安保条約は、日本をアメリカの戦争に巻き込むものとして、この条約改定に対しては反対していました。

　しかしながら、その年の５月には、衆議院の特別委員会において新条約案が強硬採決され、続いて５月２０日には衆議院の本会議を可決通過してしまいました。これは、その後に予定されていた米国大統領の訪日に間に合わせようとしたからですが、しかし、この動きに対しては与党側からも批判が上っていて、数人の与党の重鎮たちが、この強硬採決には加わりませんでした。

　この政治的な問題に対しては、その後、「これは民主主義の破壊である」として一般市民の中からも批判の声が高まって行き、その結果、国会議事堂の周囲をデモ隊が連日のように取り囲んで、安保反対のシュプレヒコールを叫ぶ、いわゆる反安保闘争が次第に激化の一途をたどるようになったのです。そして、これに対する与党側の幹部たちは、いわゆる右翼系の団体の活力を利用したりして、そ

の抑え込みに躍起になったと言う訳であります。

3　事件の結末

　この年の６月１０日に、アイゼンハワー大統領の訪日の段取りを
協議するために、ハガティー大統領報道官が東京国際空港に降り立
ちました。ところが、空港周辺に詰めかけたデモ隊によって、迎え
の車が包囲されて動けなくなり、その結果、アメリカ海兵隊のヘリ
コプターによる救出作戦が展開されると言う事件が生じました。

　また、６月１５日には、国会議事堂の正門前において、集まった
デモ隊と警察機動隊とが衝突して騒動となり、その結果、東大生の
樺美智子さんが圧死してしまうと言う事件が起きました。その一方
で警察機動隊側においても棒で殴られて負傷した人もいました。
　そして、この一連の騒動においては、暴徒化した学生たちの側で
の負傷者が約４００人、逮捕された者が約２００人となり、一方の
機動隊側において、負傷者が約３００人に上ったとされます。

　なお、懸案であった日米安全保障条約の改定は、参議院側での議
決がなされないまま、６月１９日に自然成立してしまったのです。
また、アイゼンハワー大統領の訪日については、この混乱を踏まえ
て中止となってしまいました。そして、岸内閣は、新安保条約の批
准書の交換が行われた当日の６月３日に総辞職をしました。

126

その4　ベ平連による平和運動

1　事件の背景

　ベトナム戦争は、元々、当時は南北に分断されていた北ベトナム側と南ベトナムと側との間の内紛であったのですが、社会主義への傾向を強めていた北ベトナム側の国威を弱めるために、アメリカが政治的に介入して行ったことが、その後にこの戦争が泥沼化してしまう発端となっています。

　昭和40年（1965年）2月に始まったアメリカ軍による北ベトナムに対する北爆によって、北ベトナム市民に多数の死者が出ていることが報道されると、日本国内においてはこの戦争に対する反戦運動が始まり、そのことが昭和60年の安保闘争において、日米安全保障条約の批准に対する、一連の抗議行動の広がりに対しても影響していたのでありました。

　さて、ベ平連とは「ベトナムに平和を！市民連合」のことでありますが、要するに、日本におけるベトナム戦争反対及び反米運動を啓蒙する団体のことであります。ただし、団体としての強い拘束はなく、何らかの形でこの運動に参加し人々を総括的に「ベ平連」と呼びました。その活動は左翼傾向化したものであって、旧ソビエト連邦（現在のロシアがその中心であった）崩壊後に公開された機密文書によって、このベ平連は、そのソビエト連邦から資金的な支援

を受けて、ベトナム戦争の脱走兵に対する支援事業等を行っていたことなどが判明しています。

2　事件の経緯と概要

　べ平連は、発足直後の昭和４０年４月に東京のアメリカ大使館へのデモ行進を行ったのを端緒として、アメリカ政府や日本政府等を断罪すべく多くのデモを行ったほか、同年１１月には作家開高健の発案によって、アメリカの有力紙である「ニューヨークタイムズ」への反戦広告を掲載したり、昭和４２年４月には画家の岡本太郎筆による不穏当な内容の広告を「ワシントンポスト」へ掲載する等と言った派手な活動を伴い、その活動は従来の市民活動の枠を超えていたために、活動資金の出所の問題も併せ、多くの人々に注目される状況に至っていました。

　そして、小田実らべ平連の幹部たちは、ベトナム戦争の脱走兵に着目して、アメリカ軍の「良心的脱走兵」に対する逃走支援事業を行うこととしました。その路線に従って、昭和４２年にはアメリカ海兵隊の空母「イントレピッド」からの４人の脱走兵を、横浜港にてウラジオストックへ向かうソ連（現在のロシア）の定期船に違法に乗船させた上で、モスクワ経由にてスウェーデンに入国させたりしたと言う事件の頃から、一連の反戦活動がより一層組織化されるようになりました。これが、反戦脱走米兵援助日本技術委員会と呼ばれる、彼らが言うところの「良心的脱走兵支援組織」が活動するに至った原点であり、背景なのであります。

　しかしながら、この組織でのやり方が、正規の出国手続きを踏ま

ない方法による出国、つまり国外への逃亡を幇助（ほうじょ）すると言う非合法活動であったために、昭和43年2月に首謀者の逮捕と関係先への家宅捜査が行われたことによって、彼らによる一連の反戦活動はついに終焉することとなりました。なお、この事件においては、本文中に記した人物の他にも、一連の反戦運動を実行した多数に上る人達の背後において、思想的な面において、これを支えて来た何人かの著名な人物がいます。

3　事件の結末

　このべ平連による一連の平和運動は、北ベトナム側の治安が回復したことをもって収束しました。

　しかしながら、上記した範囲の中においても、日本の法律に照らして問題になり得る点は、ベトナム戦争の支援事業と称し、べ平連の幹部たちが、脱走アメリカ兵を支援するために、非合法の手段によって、彼らをソビエト側へ逃走させたことや、あるいは、直接的な方法によって、共産圏諸国から資金や物資等の援助を受けていたとされること等であると考えられます。しかしながら、これらの点に関しては、その後にどのような法的な取り扱いが為されたのかと言う点は、明らかにはされておりません。

　なお、その後このべ平連は左翼化傾向が進み、その後に成田空港の建設反対にも関与し、殺傷テロ事件なども起こしています。

その5　羽田事件

1　事件の背景

　この時代、佐藤内閣は米軍による日本国内にある軍事基地や野戦病院などの使用を黙認することで、ベトナム戦争でのアメリカの軍事行動を間接的に後方支援していました。一方、北爆（北ベトナムへの攻撃）による民間人の被害の拡大や、アメリカ国内での反戦運動の高まりを受けて、国内で「ベ平連」が発足するなど、日本側の戦争協力に対する批判は、単に急進的な学生だけでなく、一般社会においてもそれなりの広まりを見せていました。

2　事件の経緯と概要

　この事件は、昭和42年（1967年）10月8日、東南アジア諸国（ベトナム共和国を含む）への歴訪のために、当時の佐藤栄作首相を乗せた車両が、羽田空港に向けて首都高速羽田線を移動中に、東京都大田区内において、新左翼各派の多数の活動家によって襲われたと言うものであります。

　結果的には、佐藤首相の東南アジア諸国歴訪の旅立ちは予定通りに行われたのですが、その騒動に際し治維持安活動に当たった警察当局が受けた人的損害は甚大であって、一方で、新左翼各派の士気は、より一層高まると言う結果になったのであります。

　この事件では、警察機動隊は羽田空港の防衛自体には成功し、首

相を乗せた特別機は、外遊に向けて予定時刻の午前１０時半に羽田空港を飛び立ったために、警察側の体面は辛うじて維持された形となりました。

３　事件の結末

　その一方で、首相を乗せた特別機が空港を飛び立った後も、この妨害運動は執拗に続けられたために、双方の被害がいたずらに拡大してしまった結果、学生側にて１７人、警察側では８４０人、そして、一般人の５人が重軽傷を負ってしまい、また、ガソリンによる放火によって警察車両の７台が使用不能となり、３台が大破してしまいました。

　そして、この事態に対し、当時の秦野警視総監は事件後に「学生の行動は破壊のための破壊だ。首相が羽田を飛び立ってからの破壊活動は、首相の外遊阻止運動とは根本的に違うものだ。」との声明を出して、今後は、学生らに対してより一層厳しい取り締まりを行うとの決意を表明しました。

その6　原子力空母寄港阻止闘争

1　事件の背景

　昭和４２年９月、アメリカ政府から日本政府に対し、アメリカ海軍の原子力空母「エンタープライズ」の日本への寄港について申し出があったことを受けて、当時の佐藤内閣は、１１月２日にこれを閣議に諮ってその受入れを決定しました。そして、翌年の昭和４３年（１９６８年）１月１９日に、この原子力空母はミサイル巡洋艦トラクスタンとハルゼーを伴って佐世保港へ入港しました。

　一方、反代々木派らの学生を中心とした寄港反対派は、この寄港を、「佐世保港が、ベトナム戦争の出撃基地化する」と位置づけた上で、大々的な反対運動を展開しました。この運動は反戦と反核の両方の性格を持っており、世間の目からすると、いわゆる反米運動の一つと捕らえられていました。

2　事件の経緯と概要

　先ず、昭和４３年年１月１５日に、民社党系の団体約３５００人が東京にて反対集会を開きました。一方、法政大学に集合していた中核派の学生らがヘルメットや角材にて武装した上で、無許可デモを行ったために、飯田橋駅前で警視庁機動隊と衝突した結果、多数が逮捕されて、このうち学生５人が起訴されてしまいました。

　翌１６日は、早朝、佐世保へ向かう途中の全学連の学生らが博多

駅にて待機していた機動隊と衝突した結果、学生１人が公務執行妨害罪にて逮捕されました。

　さらに翌１７日には、前日のうちに九州大学に泊まり込んでいた新左翼系全学連のメンバー約８００人が、各々ヘルメットを所持して博多駅から急行に乗り込み、鳥栖駅にて積み込んだ角材２４０本で武装した上で、午前中のうちには佐世保駅に降り立ったのであります。そして警察側の警告を無視し、米軍基地に向う引き込み線路を進んだために、平瀬橋において警察側の部隊と衝突することとなりました。

　学生らは、機動部隊に向って投石したり、角材を振り回すなどして暴れ、必死になって警察による阻止戦の突破を試みました。しかしながら、結局、警察側が繰り出した放水や催涙ガスを用いた防御作戦によって阻止されてしまい、これによって、全学連側の２７人が、公務執行妨害罪及び凶器準備集合罪によって逮捕されてしまいました。一方、この逮捕を逃れた学生たちは、その後、九州大学へ引き上げて行きました。なお、この衝突によって、警察官側で１０人、学生側で１８人が負傷しました。

　また、その翌日の１月１８日には、佐世保市内の市民グランドにおいてエンタープライズ寄港阻止佐世保大集会が開催されて、その集会には４万７千人もの参加者がありました。

　その後、１月２１日になると、佐世保市民球場において、社会党と共産党によって開かれていた、原子力空母の寄港に反対する抗議集会に対して、新左翼系の５５０人ほどが乱入したり、基地近くの佐世保橋において、警察官側に対して投石などが行われたりした他

に、米軍基地の内部に侵入したために捕らえられてしまったりした
人達などがいました。

3　事件の結末

そして、原子力空母「エンタープライズ」の日本への寄港に係わ
るこれら一連の騒動においては、検察によって検挙された者が以下
のように多数に上りました。
　　○　１月１５日、凶器準備集合罪にて５人が起訴された。
　　○　１月１６日、公務執行妨害罪にて１人が起訴された。
　　○　１月１７日、公務執行妨害罪にて２７人が起訴された。
　　○　１月１８日、公務執行妨害罪にて１５人が起訴された。
　　○　１月２１日　刑事特別法違反にて２人が起訴された。

なお、この事件を捉らえ、当時の学生たちがこの時代の在り様を
どのように観ていたのかについて、保守派の論客であった猪木正道
は三島由紀夫らとの対談において、さる老人からの「米軍基地に突
入して行く学生らの姿を見て、日本人の心はまだ萎えていないこと
を知った」と言う内容の手紙をもらったことに触れ、「主権と独立
の精神を発揮して見せたことだけでも、功績はあるかも知れない」
と述べたとされます。
このように、この時代における社会意識と言うものは、総じて、
今日における我々の意識とはかなり異なるものでありました。

その7　東京大学安田講堂事件

1　事件の背景

　この事件は、前述した原子力空母「エンタープライズ」の日本への寄港問題が生じた年の、ベトナム戦争が激化の一途をたどっていた昭和43年（1968年）に生じたものであって、この時代と言うのは、学生たちによるベトナム反戦運動、及び第二次反安保闘争が過激化していた時期でもありました。

　しかし、一方においては、高度経済成長が進む中で、全国の大学においてはベビーブーム世代が大量に進学しつつある中で、ときに権威主義的で旧態依然とした大学運営などがみられました。

　これに対して学生側は、授業料の値上げ反対や学園運営の民主化などを求め、各大学の学生にて結成された全学共闘会議（全共闘）や、それに呼応した新左翼系の学生らが共同して大学との間で闘争を行なおうとする、いわゆる大学紛争が、あちこちにて生じるようになって行きました。

2　事件の経緯と概要

　そのような中で、東京大学においては、昭和43年3月に、医学部自治会及び卒業生による青年医師会が、登録医制度の反対などを唱えた、通称「インターン闘争」を端緒としたところの、いわゆる東大紛争が展開されるに至ったのであります。

この当時には、全共闘の学生たちは、大学当局との団体交渉にて自分たちの主張を唱え、それが認められない場合には、大学構内をバリケードにて封鎖すると言う手段に訴えていました。

　これに対して大学側は「医局員を軟禁状態にして交渉した」として１７人の学生の処分を発表しましたが、実はそのリストの中には、その場に居合わせなかった者が含まれていたことから、それが学生側の更なる怒りを招くことになったのであります。

　その結果、学生たちが３月１２日に医学部総合中央館を、２７日に安田講堂を占拠したため、東大入試が行われなかった他に、翌日に予定されていた卒業式が急遽中止されてしまいました。しかしながら、医学部においては、新学期になっても依然としてこのストライキ状態が続き、安田講堂の占拠が膠着状態となってしまったために、ついに大河内東大総長は、校内に機動隊を導入にした上で、占拠した学生たちの一斉排除を行ったのであります。当時、その攻防の様子は、テレビによる実況中継映像によって克明に流されましたので、国民の多くがその様子を逐一知るところとなりました。

　しかしながら、その結果として、学生たちの反発が更に高まってしまったため、その後にも、学生たちによる主要な建物の封鎖が続きました。そして遂に１１月に、大河内総長以下、全学部長が辞任したことによって、事態は収束に向かったのであります。

3　事件の結末

　昭和４４年７月１日から、東京大学安田講堂等占拠事件に関する

裁判が、事件全体が二つに区分された上で、東京地方裁判所において開始されました。

　一方の裁判においては、対象となる拘留中の９人の被告がいずれも出廷を拒否し、保釈されていた３人の被告のみが出廷しましたが、傍聴していた学生らと共に、開廷早々からこの分離裁判を批判して廷内が騒然となってしまったために、被告は、その弁護士らと共に退廷処分となってしまいました。

　また、もう一方の裁判においては、１１人の被告全員が出廷を拒んだために、最初から欠席裁判となってしまったのであります。

　なお、事件の主たる舞台となった安田講堂は、その後は荒廃のために物置程度にしか使われませんでしたが、平成元年になって改修工事が進んだ結果、現在においては、以前のように、卒業式などの全学的な行事を行う場所として復活したようであります。

その8　成田空港建設反対闘争

1　新空港建設計画の経緯

　日本の国勢は、１９６０年代の初期にはすでに高度成長へと突入して行く気配にあって、大型ジェット機による航空機需要の増大が明確に予測されていたために、首都圏に新たな国際空港を建設すべきとの思惑の下で、新国際空港建設のための建設地点の特定が急がれたのであります。そして浮上したのが、千葉県成田市に近い農村地帯である三里塚とその周辺地域であります。

　この千葉県東北部の地域は比較的平坦であり、その昔から軍馬の牧養地として知られ、その地域の中には宮内庁が管理する御料牧場が含まれていました。したがって当時の佐藤内閣は、本格的な国際空港の建設地点として、遂に、昭和４１年（１９６６年）１１月にこの地を建設予定地とすることを閣議決定したのでした。

2　新空港建設計画とその後の展開

　１９６６年６月、成田市三里塚小学校で「新空港建設説明会」が開催され、地元の行政側から住民らに対し、新空港建設への協力が要請されました。しかしながら、航空機の発着に伴う騒音の発生地域となる成田市及び柴山町の住民らにおいては、ほぼ空港建設反対の一色となってしまったのです。そして、反対する地元住民らは現地に団結小屋を建て、革新政党の運動員らからの指導を受けながら

反対運動団体を組織するなどの対応を行ったのであります。これによって「三里塚空港反対同盟」が結成されたのは、新空港建設説明会が開催された僅か３日後のことでした。

　かって開拓農民としてこの地に入植した彼らにとっては、住宅資金や営農資金の返済が終わり、農業経営がようやく軌道に乗り始めており、これまでの労苦の成果が実りつつある時期にありました。また、この新空港建設計画は、食料不足の東京へ多くの物資を供給して、第二次世界大戦の後の日本の復興を陰で支えてきたと言う思いの農民の自尊心を、大きく傷つけるものでもありました。そのために、彼ら農民たちの側の多数の人々は、降って湧いたようなこの新国際空港建設計画に対して強く反発したのでしたが、その心情に対しては、多くの一般国民においても、心を寄せざるを得ない面があったのではないかと思われます。

　一方、三里塚・柴山地域を建設予定地とすることを閣議にて決定した政府は、昭和４３年（１９６８年）４月６日に、中曽根運輸大臣と友納千葉県知事が立ち会い、新国際空港公団と条件付き賛成派４団体との間で「用地売り渡しに関する覚書」が取り交わされ、その結果、空港公団は、空港建設予定地内の民有地の約８９％程度を確保することになったのであります。また、事前の条件賛成派団体との交渉を経て、その覚書においては、反当たりの価格は当初の予定よりも更に上昇し、また、代替耕作地の価格が売上地の３分の２程度に抑えられたほか、用地提供者に対しては空港公団側が就職及び転職の斡旋を行い、また、希望者に対しは、空港内の営業権を与えることや、代替地の造成と引渡しを速やかに行うこと等が、この

際に、成田空港公団との間で約束されたのであります。

　しかしながら、現実には、その後の反対運動によって空港の建設が大きく遅れたために、元地権者たちにおいては、結果的には様々な問題を抱え込んでしまう人達が多かったと見られます。

3　新空港建設反対闘争の概要

　新空港の建設に反対する多くの人々は、その後、その意思をいろいろな行動によって示しました。

（1）　一坪運動と立木運動

　その最初がいわゆる「一坪運動」や「立木運動」です。このうち一坪運動は、空港建設用地内における個人所有の用地を一坪づつに細分化し、個別に所有して登記するものであります。一方、立木運動は、立木一本一本を売買して権利者の表札を掲げようとするもので、この運動に対しては空港の建設用地内の３３か所において合計２ヘクタール程度が充てられ、その所有権者は延べ１３００人にも及んだのであります。そして、その中には、日本社会党の国会議員らの名前も連ねられました。

（2）　測量用クイ打ち阻止闘争

　このような状況の中で、昭和４２年１０月１０日に土地収用法に基づく空港公団による空港建設用地の立入調査が行われる旨が、千葉県知事から公表されました。そして、警視庁及び千葉県警による多数の機動隊員によって周囲を守られながら、空港用地の周辺部に

おいて、外郭測量用の杭を打ち込むための作業が展開されて行きました。これに対し、反対派のメンバーは路上での座り込みを行う等によって抵抗を試みましたが、結局、道路交通法違反の警告を受けた後に、彼らは機動隊員によって排除されてしまいました。

　一方、空港公団側は、当日に予定していた杭の打込みを無事終えたことで「これで空港建設への道が通じた」として、その楽観的な見通しを世間に対して公表してしまいました。しかしながら、それは結果として、その後に続く更なる熾烈な闘争の、単なる幕開けに過ぎなかったのであります。

（3）　新左翼党派の介入
　上記の新空港建設に係わる杭打ちに反対して活動した、地元民による反対同盟は、国家権力への抵抗を模索し、ほぼ同じ時期に生じた羽田事件にて機動隊と渡り合った、新左翼派の学生らに期待をして「我々は、党派を問わず、支援してくれる団体を受け入れる」との姿勢をとることとしました。一方、反国家的な権力闘争を望む立場の新左翼系各派にとっても、三里塚闘争は、ベトナム反戦運動や佐藤内閣への反抗と同様に、反権力闘争の象徴として映るものでもあって、その思惑は双方において一致したと言えるのです。

4　闘争の過激化と一期地区の収用

　新空港の建設を軌道に乗せるため、空港公団はこの後、空港建設用地内の未収用地の収用に係わる代執行に対して、積極的に取組むこととしました。

（1）　皇室御料牧場の閉場

　昭和４２年８月１８日に、皇室所有の御料牧場の閉場式が挙行されました。しかしながら、これに反対同盟が乱入して抗議行動を行った上、青年行動隊が会場を破壊してしまいました。これに対して警察は、反対同盟の戸村代表以下１３名を逮捕しました。

（2）　土地収用委員会への強制収用の申請

　空港公団は、空港建設用地内の未収用の用地について、国家権力を用いた強制収用を進めるため、昭和４５年には、土地収用委員会への強制収用の申請に必要な「土地及び物件に関する調書」を作成するため、土地収用法に基づいて未買収地への立入調査を実施することにしました。そして、これに対する反対派は、投石や竹槍等によって対抗したのであります。

　この、強制収用においては機動隊が随行しており、必要に応じて前面に出て行動したようであります。

5　妨害行動の中での開港

　成田新国際空港の建設は、このように種々の障害を乗り越えながらも建設が進んで第一期工事が終盤に入り、残る障害は、A滑走路の南端にそびえる高さ約６０ｍの物見鉄塔（通称；岩山大鉄塔）の撤去でありました。そして、当時の福田赳夫内閣が年度内での開港に拘ったために、２０００人を超える機動隊が現場を制圧する中で、重機を用いた強制撤去工事が行なわれ、これによって、新東京国際空港はようやく開港が迎えられたのであります。

その９　沖縄基地反対闘争

1　問題の背景

　沖縄本島は、淡路島の２倍程度の大きさしかない島でありながら、アメリカが進める極東防衛政策によって、ここに在日米軍の総員数の約７５％に当たる人達が駐留しており、その土地の約１８％もが米軍の軍事施設によって占められています。

　昭和３５年（１９６０年）に改正日米安全保障条約が批准された後の、大勢の人々が見守った安保闘争を経て、この沖縄での今後のあり方に対しては、多くの国民から強い関心が持たれました。

　そのような中で、在日米軍の軍事施設等の設置に係わる強制的な土地収用や軍人・軍属による犯罪と、それを軽視するような意識とが、沖縄県民の反米感情を大きく揺さぶることとなりました。

2　事件とその抗議活動等の概要

　沖縄においては、これまでに、アメリカ軍が駐留していることによって必然的に生じたと言える、社会的に観て不都合な数々の問題が発生してきました。
① 　その１
　昭和３０年に、嘉手納基地の近くにて、米兵による少女の暴行殺害と言う事件が発生しました。これが、米軍に対する最初の講義集会の呼び掛けへと繋がりました。

② その２

　昭和３４年６月に、嘉手納基地から飛び立ったＦ－１００戦闘機が、うるま市内の小学校に墜落して、この事故によって１７人が死亡し、２１０人が負傷しました。この事件は、基地周辺の住民に対し、基地の危険性を改めて知らしめるものでした。

③ その３

　昭和４０年に、読谷補助飛行場で行われた米軍の訓練中、パラシュートを付けて投下された車両の下敷きになって、少女が死亡してしまいました。この事件は、米軍の活動停止を呼びかける集会へと続き、これには約１万人が参加しました。

④ その４

　昭和４５年に、コザ市（現・沖縄市）において米軍の兵士が沖縄の人民を車両ではねると言う事故が引き起こされました。そして、その反動として、在日米軍の軍事的施設に対する焼き打ちが行われると言う事件が発生してしまいました。

⑤ その５

　平成７年に、キャンプ・ハンセンに勤務していた海軍と海兵隊の米軍兵士３人が、沖縄の１２歳になる少女を誘惑して暴行すると言う事件が発生しました。そして、この事件においては、住民側において、日本の検察当局に告発するように求める大規模な抗議活動が引き起こされたことによって、その結果、犯人らは沖縄検察局によって起訴され、その上で、地方裁判所において裁判を受けることになりました。

　そして、この事件は、その後の普天間飛行場の移設問題に対しても影響をもたらしたのであります。

⑥　その6

　平成28年に、うるま市において元海兵隊員が女性（20歳）に暴行を加え、殺害すると言う事件が発生しました。そして、その後この事件に抗議する集会が開かれて、これに推定65,000人が参加したとされます。

　言うならばこの集会こそが、沖縄県が地政学的な都合から在日米軍基地を複数抱えることになり、それによって止むを得ず発生する様々な負担というものが、県民一人一人の不満として、今日そこに表明されてしまったのだと見ることができます。

3　今後の課題

　前述した通り、現在の沖縄には複数の米軍基地があって、そこに在日米軍勢力の圧倒的多数が駐在し、日米安全保障条約に基づいた威力を発揮しながら、日本を含む極東アジアにおける政治的な側面での安全確保上の問題に貢献をされている訳であります。そして、その背後には日米安全保障条約の締結と言う、極めて政治的な配慮があると言うことであります。

　しかしながら、現実的な側面に立って考えた時に、基地を真近に抱えている住民側の立場からすれば、騒音問題を始めとして、人災に関するリスクが他よりも高いものであるとすれば、その面における行政上の対策については十分なる配慮が要ると言えるのです。

第6章　公害問題に関する闘争

その1　足尾銅山鉱毒問題

1　問題の背景

　渡良瀬川（群馬県東部）の上流にあたる、栃木県日光市足尾地区においては、江戸時代から「銅」の採掘が行われていて、明治維新後にその事業が民間に払い下げられた後には、大鉱脈の発見と共に採掘技術の近代化が進んで、その結果、当時、足尾銅山は日本最大の鉱山となり、年間の生産量が数千トンに上る、東アジア最大規模を誇る金属銅の生産地となったのであります。

　しかしながら、鉱石を精錬する際に出る排煙や、精製の際に発生するガス（鉱毒主に二酸化硫黄）及び排水に含まれる鉱毒（銅を主成分とする金属イオン）は、樹木の枯渇や河川の汚染を始めとする周辺環境に対して多大なる被害をもたらすものであって、その因果関係がその後の知識によって明らかにされ、それが足尾鉱山による鉱毒が原因であることが学問的に検証されたことによって、それを根拠として、その後、環境汚染に係わる住民騒動が大掛かりに引き起こされることになったと言うことであります。

2　事件の経緯と概要

　足尾銅山の創業が最盛期を迎えていた明治２８年（１８９５年）の当時、日光市足尾地区周辺の山々は既に禿山の状況となってしまい、樹木を失った山地においては崖の崩落が進んでいました。

一方においては、この地を水源とする渡良瀬川において鮎が大量死し、更に、渡良瀬川から引水した水田においては、稲が立ち怙れると言うような状況が発生していました。そして、これらの実情を踏まえ、その両者を結びつける内容の最初の知見が地元紙によって報じられたことにより、この問題が世の中にクローズアップされることになったのであります。

　また、この鉱毒による被害の範囲と言うものは、その後の調査によって明らかにされて、その範囲は渡良瀬川流域に止まらず、江戸川を経由して千葉県の行徳方面に、また、利根川を経由して霞ヶ浦方面にまで及んでいたのでした。

　この因果関係を知り、その事態の意味を知った地元の農民たちは怒り、そして団結して蜂起することにしました。そして、その中心において運動を誘導したのが田中正造であります。

　明治３０年（１８９７年）３月３日、鉱毒被害に怒った農民たち２０００人余は、徒歩にて東京へ向かって出発しました。そして、佐野、舘林、古河などにおいて警官らに阻止され、その人数を減らしながらも、８００人程が日比谷に結集した上で農商務省を囲み、足尾鉱業所の停止を請願したのでした。

　そして、その結果、５月２７日に、東京鉱山監督署は、遂に、足尾銅山鉱業主の古河市兵衛に対して、鉱毒排除の命令を下したのでありました。これによって、明治３０年から昭和２年（１９２７）にかけて、煙突への脱硫装置取付けや排水の濾過池の設置等の鉱毒対策のための工事が行われると、表立った鉱毒の被害は減少に転じることになりました。しかし、その一方で、新たな問題としてカドミウムによる汚染問題などが提起されたりしました。

当時の明治政府は、明治３０年にあった鉱毒被害地の地元住民らの陳情による世論の高まりを受けて、政府内に足尾銅山鉱毒調査委員会を設置して、鉱毒被害防止のための指導を行い、各種の行政的な指導を行いました。

　　一方、明治３６年には、洪水による下流域への鉱毒被害の拡大を防ぐために、渡良瀬川下流域に鉱毒沈殿用の大規模な遊水地を設けるべきとの鉱毒調査委員会による答申を受けて、これにより栃木、群馬、埼玉、茨城の境界地域に大規模な「渡良瀬遊水地」が作られることになったのであります。

3　事件の結末

　この足尾銅山は、その後、銅鉱石の産出量が著しく低下したことによって昭和４８年（１９７３年）に閉山しました。

　その後、荒廃した足尾地区の森林を復元するために、農商務省により足尾地域に対する植林推進策が命じられて、以降、現在に至るまで治山事業は継続的に続けられています。

　なお、その後に、環境庁によって足尾町内に大気汚染の観測装置が設置され、それによって、一時的に亜硫酸ガスの濃度が環境保全のための基準を上まって観測されたり、同町内の浄水場の配水から若干の銅成分が検出されたりしたことがあったとされますが、現在においては、そのようなことは無いようであります。

その2　別子銅山鉱毒問題

1　問題の背景

　別子銅山は、現在の愛媛県新居浜市別子の地において、江戸時代から「硫化銅鉱石」の採掘が行われていた鉱山であって、坑内から流れ出す排水中には硫酸銅が含まれるため、それが鉱毒水となった上で、一方では国領川を流れ下った上で新居浜平野の農作物や瀬戸内海の魚介類に影響を与え、また、一方では銅山川を経て合流する本流の吉野川流域において、同様に鉱毒による被害を及ぼし得ると言う厄介な因果関係を形成していました。

2　鉱毒事件の経緯と概要

　そのような地域状況の中で、明治３２年（１８９９年）に生じた大水害においては、それまでに集積していた鉱毒水が一気にこれら河川に流れ出た結果、特に徳島県側における吉野川の中流域一帯において、主に川魚に対して顕著な被害が生じていたことが確認されたのであります。

　この問題の発生に対して、徳島県からの要請に応じた大阪鉱山監督局は、別子銅山を経営する住友鉱山に対して、鉱毒水の流出防止設備を同年中に整備するように、また、三年以内に鉱毒水の処理設備を完備するように命令を発したのであります。

　これに対して鉱山会社側は、その時点では既に建設が進められて

いた湿式精錬所の完成を急ぎ、沈殿収銅所を設け、また通洞口からの排水路工事を行ったことによって、明治３９年（１９０６年）には鉱毒水の流出防止対策設備の整備を終了させたのであります。

3　精錬所の煙害問題

　一方、別子銅山側の整備に合わせて、明治２０年以降、住友鉱山は、新居浜精錬所の洋式高炉等の設備の整備についても同時並行的に進めて行ったために、粗銅の生産量が数倍にも増大したことは良かったのですが、その結果として、精錬によって生じた亜硫酸ガスが、近郊の農村部において作物等の被害を招き寄せてしまうことになったのであります。

　その結果として、先の鉱毒水問題と同様に地元民との間での抗争が繰り返された結果、住友鉱山は、精錬所を新居浜沖合の２０Ｋｍ先の瀬戸内海にある四坂島へ移設することにしたのであります。

　そして、四坂島精錬所が完成したことで、会社側は勿論、誰もが煙害の問題は解決されたと信じていた矢先に、今度は、海を隔てたその北側の越智郡宮窪村において、煙害が疑われる作物被害の事例が報告されたのであります。そして、その作物の被害は、精錬所の創業が本格化するにつれて、その被害の程度が高じ、その範囲が広がって行ったのであります。

　この問題については、その後、被害者側の農民代表５人と住友鉱山側との間で賠償交渉が行われて、賠償額の決定を巡る激しい駆け引きが行われました。しかしながら、結局、妥協点に達するまでには至らなかったのであります。その結果、ついに政府側が介入する

ところとなって、鉱山会社による賠償金の支払いが決定し、その結果「四坂島精錬所煙害事件賠償契約書」が締結されることとなったのであります。

　なお、四坂島精錬所においては、有害な亜硫酸ガスを硫酸に転化するための設備が操業を開始し、その後、さらに中和工場が完成したことによって、これにより、永かった煙害の問題に終止符が打たれることになったのであります。

その3　セメント工場降灰問題

1　問題の背景

　浅野セメント深川工場は、明治３６年（１９０３年）、生産設備にロータリーキルンを採用して以降、周辺住民から、容易には落ち着かせ得ないような妨害攻撃を受けていました。

　このロータリーキルンとは、傾斜させた回転窯を使用して粉末のセメントを均一化しながら焼成させるための、大型の装置のことですが、それに伴って生じる粉塵の飛散は、何らかの集塵装置を使用しない限り、粉塵の飛散は避けられないものでありました。

2　事件の経緯と概要

　このロータリーキルンなる装置はイギリスで発明され、アメリカのセメント産業において成功をみた工業設備であって、浅野セメントにおいては、その操業の実態を視察した坂内冬蔵の評価を受けてこの設備を導入し、いわゆる「生灰焼成法」による生産方法の合理化を推進したのであります。その結果、深川工場における生産量は急上昇することになったのであります。

　しかしながら、この生産システムを採用したことによって、工場の煙突から放出される灰塵の量は、必然的に著しく増大することとなってしまい、否応なしに、周辺環境への降灰問題に向き合わざるを得なくなってしまったのであります。

その結果、明治４０年の頃から、生活環境への大気汚染の問題が深刻化したことをめぐって、周辺の住民と工場側との間での対立が表面化するようになり、住民側は工場の移転を前提として会社との交渉に臨み、また、行政当局への陳情が行われたのでありあす。

　そして、その状況が新聞等で報じられるようになった結果、その圧力は日増しに大きくなって行ったのであります。

3　事件の結末

　この事態に対し会社側は、明治４４年３月、この深川工場を神奈川県川崎市へ移転させることとし、この計画を公表しました。そして、これによって住民との間で和解が成立したのでありました。

　しかしながら結果的には、川崎工場の竣工が遅延したことと、その後に、電気式の集塵装置が深川工場へ導入されたことによって問題の抑制化に成功したために、結局、深川工場を川崎へ移転させる問題については、その後の住民との間での合意の下で、撤回されることになったのであります。

　また、同様の問題がその後において川崎工場でも生じたのでしたが、それに対しては、当時最新式のコットレル式集塵装置の導入に進んだことによって、問題の解決を見たのであります。

その4　イタイイタイ病問題

1　健康被害と病気の原因

　イタイイタイ病とは、岐阜県から富山平野を通って富山湾へ流れ下る神通側の下流域にて発生した公害病で、日本で正式に公害病として認定された初の大規模なものであり、その後に生じた他の公害病と合わせ、四大公害病と称されるものの一つであります。

　この病気は、明治の終わり頃から昭和４５年頃にかけて富山市域を中心にして多発したもので、患者がその痛みに堪え切れずに「痛い、痛い」と泣き叫ぶことしかできなかったことから、このような病名になったものであります。この病気の被害者は、主に稲作等の農作業に長期に従事した出産経験のある女性でありました。

　なお、すでに現在では、病気の原因はカドミウムに汚染した水を日常的に飲用した結果であることが判明しています。

2　問題の背景と患者の救済

　病気の原因であるカドミウム汚染の原因は、富山平野へ下る神通川によって運ばれ、それが地下水や水田の土壌を汚染させたために、それを飲用し、あるいは水田で収穫したコメを常食していたことが、この病気の発症に繋がったものとされました。

　そして、このカドミウムの汚染の原因は、その後の集団訴訟による裁判上での証拠調査の結果、神通川上流の高原川にある三井金属

鉱業神岡精錬所から発生し、河川に排出された鉱業廃水に含まれていたものによることが特定されたのであります。

　その結果、昭和４３年（１９１０年）５月に、厚生省（当時）は「イタイイタイ病の本態は、カドミウムの慢性中毒による骨軟化症によるものであり、そのカドミウムは、神通川上流の神岡鉱業所における事業活動によって排出されたものである」と断定しました。この政府による裁定によって、イタイイタイ病は、政府によって認定された公害病の第１号となったのであります。

　さらに、昭和４５年２月には健康被害救済法（正確には、公害に係る健康被害の救済に関する特別措置法）が施行されて、公害病の患者として延べ９６名が認定を受けるに至りました。

3　補償と発生源の対策

　上述の集団訴訟による裁判の結果を踏まえ、被害者たちは、三井金属鉱業との間で、賠償や土壌汚染問題に関する公害防止協定を結んだ上で交渉を開始しました。そして県や政府による補助に加えて、三井金属鉱業との間においても、医療補償協定が締結されたことによって、ようやく患者や要観察者への救済が開始されたのであります。また、翌年には「公害健康被害被害保障法」が制定され、国による救済が始まりました。

　一方、土壌の汚染については、神通川左岸の６７．４ヘクタールが「農用地汚染防止法」に基づく汚染地域に指定されたことを受けて、土壌の入れ替え等の汚染土復元事業が行われました。

4　イタイイタイ病裁判

　一方、イタイイタイ病に関する裁判については、昭和４３年３月
に第１次訴訟に係わる裁判が行われ、その後、昭和４６年７月の第
７次訴訟に至るまで、裁判が分割された形で続けられました。
　しかしながら、現実には、これら全ての裁判に原告側が出席でき
ない場合が多かったために、結局、これらの裁判は第１次訴訟によ
って成立した「賠償に関する誓約書」の中に取り込んだ形での損害
賠償を行うことを被告側が誓約したことによって、ようやく結審し
たのであります。
　そして、遂に平成２５年（２０１３年）にこの裁判は結審し、原
告全員によって、全面解決を認める合意書が取り交わされることに
なったのであります。

その5　亜鉛精錬所公害問題

1　問題の背景

　昭和12年（1937年）に設立された日本亜鉛精錬（後の東邦亜鉛）は、群馬県安中市の東端に安中精錬所を建設して高度鋼とも言われる特殊合金の製造を開始しました。

　ところが、創業開始の直後から、この地方で盛んであった養蚕業の「カイコ」に生育不良が見られるようになりました。この当時には、富山県において生じていたイタイイタイ病の問題が既に世間にも知られていた時期でもあったために、周辺に居住する人達の中からは、類似の鉱物を扱うこの施設に対しても、そのような見方による疑義が呈されたりしたのではありました。しかしながら当時においては、大勢の関係者たちの間に、それが安中精錬所の稼働によるものだと見做すだけの、事態の正しい認識を共有するところまでには至らなかったのであります。

2　事件の経緯と概要

　しかし、その後に、工場側が防災林の用地に充てる、との名目によって農民たちから買い上げた土地を前提として、工場の拡張計画が明らかにされたのでありました。また、その増設計画を前提として、東京電力によって、工場用の電圧を6万5千ボルトから27万5千ボルトへ変更するとの内容の、送電線の改良工事計画について

も明らかになったのであります。

　この事態を受けて、昭和４４年（１９６９年）１月に青年法律家協会の弁護士が中心となる「安中公害調査団」が結成されて、安中精錬所の稼働に伴う地元の実態について、現地におけるさまざまな調査が開始されたのであります。

　その結果、この問題に関する関係先において幾つかの動きが生じ、また、次のような事実が明らかにされました。

○　群馬県が、安中市にてイタイイタイ病の疑似者を確認した。

○　現地産の米からカドミウムが検出され、出荷が停止された。

○　精錬所は増設部分の創業停止で、生産量が1/3に減少した。

3　事件の結末

　この結果を踏まえ、原告及び弁護団は東京高等裁判所への告訴を行ったのであります。そして昭和５７年（１９８２年）に東京高等裁判所は被告の東邦亜鉛側の過失責任を認め、賠償金額を提示したのではありましたが、原告の農民たちがこれには同意しなかったために、裁判は更に上級審において争われることとなりました。

　しかしながら、その後に東邦亜鉛側から賠償金額に関して新たな提示がなされたことによって、結局、原告の農民らはこれを受け入れることとし、これによって和解が成立したのであります。

　また、この和解によって「安中精錬所の公害防止に関する協定書」が成立し、これによって、必要に応じ、住民たちが立入調査を行うことが可能となりました。

その6　チッソ水俣病問題

1　健康被害と病気の原因

　熊本県水俣市のチッソ水俣工場は、かって、アセチレンを原料とした アセトアルデヒド（別名、エタナール）、酢酸、塩化ビニール等を生産していました。そして、その製造工程の中のアセチレンの付加反応に金属水銀や昇汞（しょうこう、別名を塩化水銀と言い、水に溶けやすく猛毒）を用いており、目的とする化学反応生成物を回収した後に発生した廃液は、単なる工業用排水として、化学的な処理をせずに水俣湾に直接排出されていました。

　そのため、この廃液に含まれていたメチル水銀が海洋中の魚介類等による食物連鎖によって生物濃縮し、そのために汚染生物となってしまった魚介類を採取して、それを知らずに食した不知火海沿岸の熊本県や鹿児島県の一部の中に「メチル水銀中毒症」を発症する住民が見出されるようになってしまいました。

　これが、環境汚染を原因として食物連鎖を経て引き起こされたところの、人類史上初の大規模な有機水銀中毒事件の実態であり、世界中に知られるところとなった公害病問題であります。

2　企業の対応と問題の実態

　八代海の沿岸地域において、住民らがその異変に気付きだしたのは昭和27年（1952年）の頃からであり、この頃に、水俣湾の

周辺において猫やカラス等の不審死が多発し、また同時に、漁師の家族の中に、特異な神経症状を呈して死亡すると言うような異変の事実がしばしば世間に知られるようになりました。

　そして、一方においては、昭和３１年の頃から水俣市とその周辺において脳性麻痺の子供の発生率が上昇するようになって、少なくとも１６例に及ぶ胎児性疾患の患者が確認されると言う、異常事態にまで発展していたのです。

　しかしながら、この原因不明の病気が報告され始めていた当初の昭和３１年頃の時点においては、まだ水銀については疑われておらず、また、微量な有機水銀の含有量を正確に測定するための技術は成立していませんでした。

　昭和３４年になって、熊本大学医学部研究班は、チッソ水俣工場の排水口周辺の海底に堆積するヘドロや魚介類から、水銀が検出されたことをもって、この健康被害に関する原因物質が有機水銀であることを突き止め、その旨を発表したのでありました。

　また、ほゞ同じ時期に、工場に付属する病院において、水俣工場の排水を猫に与え続けた実験によって、猫が人間と同様な水銀中毒症を発症することが突き止められたのであります。

　一方、これらの事実を知ったチッソ水俣工場は、製品の製造設備に付帯する工場の排水経路を変更することとし、それまでの水俣湾百間港から、八代海に面した水俣川河口へと変更する工事を行ったのであります。しかしながらその措置によって、結果的には、水俣病疾患の患者発生地域が、更に不知火海の沿岸地域全体へと拡大させてしまうと言う、誠に不本意な結果を招き寄せてしまう結果とも

なってしまったのでありました。

3　その後の対応と患者の救済

　この問題が発生した当初、為政者としての国は水俣病の発生に関する企業の責任を直ちには認めず、また、チッソ水俣工場側はその後の裁判所による和解勧告にも応じなかったために、結局、政府側が、水俣病の発病とチッソ水俣工場の廃水との因果関係について公に認めたのは、昭和４４年（１９６８年）のことであります。この年の９月２６日、厚生省は、熊本県における水俣病の発症は新日本窒素肥料（旧チッソ）水俣工場において副生され排出されたメチル水銀化合物が原因であると発表しました。

　そして、新日本窒素肥料の水俣工場は、その前年の５月に問題のアセトアルデヒドの製造を終了させました。また、同社は、排水の停止を求めていた地元漁業組合との間において、漁業補償の協定を締結しました。その結果、同社が示したこれら一連の動きは、当時においては、少なくとも社会的な負のイメージの鎮静化をもたらすものではあって、一見、水俣病の問題は終結したとの印象に向ったかのようにも見えました。

　しかしながら現実には、関係者の間において本当の意味において最終的に和解が成立するようになるのは、さらに後になってからのことなのでありました。

その7　江戸川漁業被害問題

1　問題の背景

　昭和３３年（１９５８年）４月に、江戸川上流にある本州製紙㈱江戸川工場から、真っ黒に汚れた工場廃水が江戸川へ放出されたことによって、下流に位置する浦安沿岸の漁場が汚染されてしまった結果、魚介類に大きな被害が生じると言う事態が生じました。

　この事態に対し、浦安沿岸の漁民たちは、何度にも亘って工場へ出向き、工場側との折衝を行ったのでしたが、しかしながら、その状況は一向に変わらず、汚水は放流され続けたのでした。

2　企業の対応と事件の実態

　この事態に激怒した漁民たちは、その後、工場へ投石を行う等の抗議行動を行ったりしたものの、工場側の対応には相変わらず眼に見えた変化が見られなかったために、ついに６月１０日、会社側の不誠実なる対応に抗議すべく、漁民らによる「毒水放流反対の町民大会」が開催されるに至ったのであります。

　そして、この大会の終了後、参加者らは陳情のために工場を訪れたのでしたが、工場側は鉄の門扉を固く閉ざしたままであったために、この工場側の態度に激怒した漁民らは、門扉を押し破って工場になだれ込み、そこで、工場側が要請して待機させていた警察官との間で、乱闘騒ぎを引き起こす事態に至ったのであります。

そして、その結果は、漁民らの側に重軽傷者を合計で１０５人も出すと言う大事件となってしまいました。

3　その後の対応

　この事件を端緒として、政府は「公共用水域の水質保全に関する法律」及び「工場排水等の規制に関する法律」を相次いで公布することによって、戦後から延々と引き継がれてきた、経済性向上一辺倒からの政策の転換を図ったのであります。

　一方、この事件の場となった浦安地域は、その後に生じた東京湾岸一帯における工業地帯化の枠の中での地域開発が進み、その結果として、専業漁業者による漁獲量が減少の一途をたどったこともあって、昭和３７年に漁業権の一部放棄が行われ、また、昭和４６年には漁業権の全面放棄が行われることとなりました。

　なお、その後、この浦安地域の埋立地には「ディズニーランド」が、また、東隣の行徳地域には、地理的な条件を生かした大規模な物流基地などが誘致されました。

その8　新潟水俣病問題

1　問題の背景

　阿賀野川の上流域を占める旧鹿瀬町（現阿賀町）に立地した昭和肥料㈱鹿瀬工場は、昭和4年（1929年）に操業を開始し、カーバイドから肥料用の石灰窒素を生産するための工場でした。

　昭和11年になり、その隣接地に昭和合成化学㈱なる会社が設立されて、昭和肥料㈱からカーバイドの供給を受け、アセチレン・アセトアルデヒドを経て、酢酸やその誘導製品を合成する工場として創業を開始したのであります。そして、昭和32年（1957年）に、昭和合成化学㈱が昭和肥料㈱に吸収合併される方式にて誕生したのが、昭和電工㈱鹿瀬工場なのであります。

　メチル水銀は、アセチレンに水を加えてアセトアルデヒドを得る際に、触媒として使用する硫酸第二水銀が変化して副生されてしまうものでありました。従って、その生成は、鹿瀬工場において有機合成用のアセトアルデヒドを生産するようになってから、昭和40年（1965年）に工場が閉鎖されるまでの間、その生成量は漸増しながら続いていたと考えられます。

　そしてその水銀の予想発生量は、アセトアルデヒド量1トン当たり2〜20グラムと予想されるので、日産50トンで創業した際には、1日に100グラムから1kg程度のメチル水銀が、阿賀野川に放流されたことになると言う訳であります。

2 健康被害と病気の様相

　一方、結果的に阿賀野川の上流域にて放流されてしまったメチル水銀は、大量の河川水にて希釈されたとは言え、生物による体内濃縮的な要素を考慮すると、川魚に高い濃度のメチル水銀が蓄積されるであろうことは容易に想像できるところであり、また、その川魚を漁獲して日常的に食した人がいた場合には、しばらくした後には一定の確率をもって、有機水銀による中毒症状が引き起こされるであろうことも容易に想像できるところであります。

　事実、阿賀野川の下流域にて川魚を漁獲し、日々食していた人達には、その後に、手足の震えや感覚障害などと言った有機水銀中毒特有とされる症状が現れるようになったのであります。元来、この下流域はニゴイを始めとした川魚の漁獲量が高い地域であり、しかも川魚を食するのが主に男性であるために、その障害が男性に集中して現れる結果となりました。

3 その後の対応と患者の救済

　昭和40年（1967年）に、患者側が起した損害賠償請求訴訟において、当初、昭和電工側では、原因は昭和37年に生じた新潟地震によって川に流出した農薬であるとの主張を行っていました。その根拠は、水銀性農薬を保管していた同社の新潟埠頭倉庫が浸水する被害を被った際に、農薬が流出したのではないかと疑われたからであります。

　しかしながら、倉庫に貯蔵されていた農薬はフェニル系の水銀で

あって、メチル水銀では無かったのであり、また、患者が下流域に
しか居ないことを根拠にして無実を主張しましたが、実際のところ
は、その後に上流域においても、下流域と同様な疾病を訴える患者
がいたことが明らかにされたことによって、被告側の主張はいずれ
も根拠を失うところとなってしまいました。

　後に第二水俣病と言われることになったこの事件は、熊本におい
て水俣病の問題が騒がれていた段階で、類似の事業案件に対しても
取締りが行われていれは、その被害は最小限で食い止められていた
のかも知れないだけに、悔やまれるところであります。

その9　四日市ぜんそく問題

1　問題の背景

　１９６０年代に入り、東京オリンピック（１９６４年）を迎えることになった頃から、日本は、後に「いざなぎ景気」とも呼ばれる高度経済成長期を迎えることとなり、精密機器や化学製品と言った日本が得意とする製品類を中心にして工業生産が盛んとなり、それに応じて電力の需要も急伸して行ったのでありました。

　さて、この好景気の中で、名古屋市を軸とする中部コンビナートでは、三重県四日市市南部の塩浜地区においてぜんそく患者が急激に増加すると言う状況が発生しました。そして、それが当時急激に進んでいた大気汚染と関連づけられた考え方によって、社会問題化したのであります。これが、その後に「四日市ぜんそく問題」または「四日市公害問題」と呼ばれて大きな社会問題化し、政治における大きな紛争事案とされたことの背景であります。

　さて、四日市公害問題の起点は、昭和４２年（１９６７年）に生じた、四日市市南部の塩浜中学校の女子生徒が公害病（四日市ぜんそく）よって死亡したことを契機として、市民の怒りが頂点に達してしまったと言う問題自体にあります。そして、これを受けて日本社会党所属の市会議員である前川氏らが中心となって、その因果関係の解明が行われた結果、中部コンビナートに立地している企業に、大気中への有害物質の拡散と言う事実関係があり、その加害行為が

169

認められたとして、四日市市塩浜地区の6社、及び四日市港付近の石油関連企業2社が対象となった、提訴が起こされたと言うものであります。この提訴の対象になった企業は次の通りです。

四日市市塩浜地区　　　　　石原産業、三菱油化、三菱化成工業、三菱モンサント化成（現、三菱ケミカル）

四日市港付近　　　　　　　中部電力、昭和四日市石油

　以上のように、この四日市公害訴訟においては、これまでの公害問題訴訟に見られるように、加害企業の特定が比較的容易であったのに比べて、この四日市市における公害訴訟は、訴訟の対象となる企業が多数に亘ることが特異な面であって、それ故に、その後における論争がより一層複雑化したと言うことであります。

2　健康被害の原因と病気の症状

（1）　健康被害の原因

　日本で最初とも言える、石油化学関連企業を軸として開発された中部コンビナートにおいては、工場等の生産活動や石油火力発電所の稼働によって、亜硫酸ガス等を含む大量の有害ガスが大気中に排出されていました。そして、その風下地区においては、それが人体に有害となり得る濃度のままで降下していました。

　四日市ぜんそくを引き起こす有害物質の中で、最も影響があったとされた物質は硫黄酸化物（SO_2）でした。石油は、石炭とは異なって黒く見えるような煤煙を出さないので、燃焼後の排気は、一見、石炭専焼式よりもクリーンな状態と見られがちですが、中部コンビ

ナートにて使用されていた原油の多くが中東産であったため、その組成の違いから、この地域においてはより一層多くの硫黄酸化物の排出が生じていたと考えられます。

　三重大学及び名古屋大学による当時の調査結果によれば、硫黄酸化物の空気中の濃度は、四日市における値は名古屋市内における値の約4倍近い値であったことが報告されています。

（2）　病気の症状及び発症者

　大気汚染によって引き起こされる疾病は、気管支炎、気管支ぜんそく、咽喉頭炎などの、いわゆる慢性的な呼吸器疾患であることが知られています。また、時には心臓発作や肺気腫を併発することもあるとされます。そして、気管支炎を発症した人々の多くは、実際に入院による治療を要しました。

　四日市市が行ったその後の調査によれば、有病者数が多かったのは塩浜地区、海蔵地区及び三浜地区であったとされます。一方、発症して治療を受けた人の年齢や職業は多岐に亘っていて、職業的に特化した傾向は特には無かったと報告されています。

　なお、この問題で発症し、公害病として認定された者のうち、学童が占める割合は、およそ4分の1でありました。

3　訴訟と政策の見直し

（1）　四日市公害訴訟の結果

　昭和42年（1967年）9月1日に、この問題に対して塩浜町在住の被害者全員（9名）による訴訟が行われました。また、その

訴訟者とは、その全員が三重大学付属塩浜病院に入院中の同じ呼吸器疾患の患者たちでありました。

　この裁判は、津地方裁判所四日市支部において行われ、約５年後の昭和４７年７月２４日に結審し、被告企業の６社に対して合計で８８００万円の損害賠償金の支払いが命じられました。そして被告側がこれを受け入れたことによって結審したのでした。

（２）　コンビナート誘致政策の見直し

　四日市における工業コンビナート構想というのは、三重県と地元の四日市市が共同して強力に推進して来たところの、地域一体型の開発構想であり、その結果、確実に地域の経済力が増大して行ったことは事実であって、その面からすれば、その大いなる成果については称えてしかるべきところであります。

　これまでの日本における公害問題と言うのは、イタイイタイ病や水俣病の問題にみられるように、工場が排出する工業用排水に関する、適正を欠いた処理による問題が中心でありました。また、どちらかと言えば過疎地における特定の問題でもありました。

　しかしながら、このコンビナート誘致政策の下で、四日市市において生じた問題と言うのは、都市型のものであっただけに、今後における同様な地域開発の在り方に対し、一石が投じられたものだと理解しておく必要があります。

第7章　原子力発電所の反対運動

その1 芦浜原発設置反対闘争

1 問題の背景

　芦浜原子力発電所の設置計画は、中部電力によって、三重県度合郡南島町（現、南伊勢町）と紀勢町（現、大紀町）にまたがる芦浜地区への建設を前提として進められた計画であります。

　その計画は、すでに平成１２年（２０００年）に白紙撤回されてはいますが、当時建設を予定していた用地自体は、現在においても引き続き中部電力が所有を続けています。

2 当時の地元の状況

　中部電力は、昭和３８年（１９６３年）に熊野灘沿岸への原子力発電所の建設計画を公表し、翌年に、その候補地が芦浜地区であることを明らかしました。しかしながらこの原発立地計画に対しては、昭和４１年には、衆議院科学技術振興対策特別委員会の視察を阻止する「長島事件」が発生するなど、その当初から反対運動が付きまとっていました。そのため、昭和４２年には、当時の田中覚三重県知事の方針によって、この計画は、一旦棚上げされてしまったのであります。

　しかしながら、昭和５２年には、国はこの芦浜地区を要対策重要電源地域に指定しました。また、昭和５９年には三重県側においても原発調査関連の予算を計上し、三重県議会側も立地調査の推進を

決議しています。そして平成６年には、南島町古和浦漁協と紀勢町
錦漁港も、調査の受入れに同意しました。しかしながら、漁協内に
おいてはその対応が分かれていました。

　平成８年には、南島町芦浜原発阻止闘争本部が、県民延べ８１万
２３００人余の反対署名を得て、知事の北川正恭に提出しました。
これを受けて平成３年３月に三重県議会は、この問題の調査並びに
建設工事に対して一定の冷却期間を置くように求めた、南島町の請
願を、全会一致にて採択したのであります。その結果、県は同年の
７月に、中部電力に対して立地予定地からの社員の引き上げを要請
し、これに対する中部電力側は、向こう４年間を冷却期間とするこ
ととし、工事を行わないことにしたのであります。

　その後は、平成１１年に北川県知事が国内及びドイツの原発事情
を視察したり、地元の南島町や紀勢町において住民に対する意見の
聴取が行われたりと言ったことがありました。

３　その後の状況

　平成１２年２月２２日、三重県議会において北川知事は、「中部
電力による芦浜原子力発電所計画の推進は、現状においては困難で
あり、また、昭和５５年に、当時の三重県知事（田川亮三）が表明
した、原発立地のための四原則三条件を満たしていないことをその
理由として上げました。これは、当時、県民の５３％、地元の南島
町民の８６％が原発の建設に反対していたことを指しています。

　また、その声明に付帯し、この計画に伴い、長期に亘り地元民を
苦しめたことについては、三重県当局にも責任があるとして、知事

175

が謝罪をしたのでありました。

　この当時は、日本の工業生産力が著しく増大し、これに合わせて電力需要が著しく伸長していた時代でもあって、そのために、後述するように、日本の各地において、原子力発電所の新設計画が次々と浮上しつつある時期でもあったために、中部電力によるこの芦浜原子力発電所の建設計画が挫折したことは、その後における日本の新たな原子力発電所の建設計画に対して、極めて大きな影響をもたらすこととなりました。

その2　巻原発設置反対闘争

1　問題の背景

　東北電力㈱によって進められた巻原子力発電所の建設構想は、昭和４６年（１９７１年）に正式に発表されました。その建設予定とされたのは、新潟県西蒲原郡巻町（現在の新潟市西蒲区）内の角海浜（かくみはま）地区であります。そして、その計画で目指していた運転開始の時期は１１年後の１９８２年でありました。

　建設予定地とされた角海浜地区は、当時、既に限界集落化していて、この原発誘致計画に沿って集団離村が行われているような状況でもありました。そして、それを追うように用地の買収が進められていたのであります。

2　当時の地元の状況

　一方、地元の巻町は、この東北電力㈱による原子力発電所の建設構想について、町議会に対してその賛否を求めた結果、賛成が多数となったことによって、その計画に同意したのであります。

　そして、東北電力㈱は、この結果に基づいて通商産業省（現、経済産業省）に対して沸騰型原子力発電所の設置許可を申請することになりました。

　しかしながら、地元においてはその後、次第にこの計画に対して批判を加える勢力が増えて行ったのであります。そしてその背景に

は、米国におけるスリーマイル島原子力発電所の事故やウクライでのチェルノブイリ原発事故を知ったことによって、住民たちの側には、原子力発電所と言うものに対する意識の変化が生じてきたことが想像されるのであります。

　その結果、巻町においては、住民側の仕切りによって原発計画の是非を問う、自主管理型の住民投票が行われることになったのであります。これは「巻原発・住民投票を実行する会」なる組織が自主的に仕切りをしたものでありますが、その結果は、賛成４７４票に対して反対９８５４票であって、圧倒的に、原発の誘致計画に反対する立場の人々の方が多かったのであります。

３　その後の状況

　上の結果に危機感を抱いた東北電力は、原発建設予定地に残っている町有地の処分を町に要請しました。町長はこれに応えるべく、町議会への根回しを行いましたが、先の住民投票を指揮した活動家たちによる新たなリコール請求活動によって、逆に町長が解職される事態に至ってしまいました。そして、これら一連の騒動の締めくくりとして、改めて町長選が行われた結果、原発反対運動派の幹部が当選し、勝利したのでありました。

　このような地元事情の変化をうけて、東北電力㈱はその後、この巻原子力発電所の建設計画の撤回を、平成１５年に経済産業省に届け出て、計画の白紙撤回を行ったのであります。

その3　珠洲原発設置問題

1　問題の背景

　能登半島先端の地の、石川県珠洲市に原子力発電所を建設するとの構想は、昭和５０年（１９７５年）に北陸電力、関西電力、中部電力の３社（以下、電力３社と記す）による共同発表によって明らかにされた、原子力発電所の新設計画であります。

　その建設予定地とは、中部電力側が珠洲市三崎町寺屋で、北陸電力と関西電力が珠洲市高屋地内とされていて、その全体計画によれば、この電力会社三者によって、同時期にそれぞれが原子力発電所を建設すると言うものでありました。

2　その後の地元の状況

　そもそも、この珠洲市における電力会社３社による原子力発電所の建設計画が浮上したのは、この年の８月に発覚した北陸電力による共同開発計画が端緒となっています。同年１０月３０日、珠洲市議会は、全員協議会において、国に対し「原子力発電所、原子力船基地等の調査に関する要望書」を提出することを決議して、これを石川県知事の中西陽一に手渡したのです。当時、中西知事は、この原子力発電所の誘致計画を、過疎地の格差是正に寄与する政策として期待し、その推進を支持する姿勢を示していました。

　しかしながら、そのような状況の矢先、この珠洲市の計画に先行

して、羽咋郡志賀町における志賀原子力発電所の建設計画が決定に至ってしまったのであります。そのために電力３社は、急ぎ、珠洲市における原子力発電所の建設構想を明らかにしたのでした。

　そして、昭和５８年１２月１６日に珠洲市議会において、市長の谷又三郎がこの原子力発電所の誘致計画を明らかにして、原発立地推進の方針を表明したのでした。また、これに伴って電力三社による珠洲市への立地調査の申し入れが行われたことによって、改めて原発立地への動きが進められたのでありました。

3　その後の状況

　平成５年（１９９３年）４月に行われた珠洲市の市長選挙において不正選挙の疑惑が浮上し、その後のやり直し選挙において珠洲市の職員だった貝蔵治が当選したため、電力会社側が望む政策はその後も維持され続けたものの、しかしながら、さらにその後の選挙において、ついに反対派の泉谷満寿祐が当選すると言う結果になったために、珠洲市への原子力発電所を誘致すると言う計画は、実現への見通しが立たなくなってしまい、結局、見送りと言う結論になってしまったのでありました。

　この結果を受けて、北陸電力、関西電力、中部電力の３社それぞれの社長が珠洲市を訪れて、産業構造の変化よる電力需要の低迷をその理由として、珠洲原子力原子力発電所の建設計画の凍結を市長に申し入れたのであります。

その4　上関原発設置問題

1　問題の背景

　中国電力は、昭和５７年（１９８２年）に山口県上関町田ノ浦を建設予定地として、新たな原子力発電所の計画を発表しました。その時代に中国電力は、すでに島根県松江市において島根原子力発電所を稼働させていました。

　この計画で原子力発電所の建設予定地とされた場所は、伊予灘に面して瀬戸内海に大きく突き出した半島の先の地点であって、その西側の約４ｋｍ先には祝島があります。この祝島は、その周囲が豊かな漁場であって、昔から漁師の町として知られているところでもあります。そのため、この上関町田ノ浦を建設予定地とする原子力発電所の建設に対しては、真っ先に、祝島の漁民たちによって反対運動が引き起こされたのであります。

2　当時の地元の状況

　この原子力発電所の計画に対しては、その計画が発表された直後から、予想されたように、祝島の漁民による激しい反対運動が引き起こされることになりました。

　原子力発電所の建設予定地とされた上関町の人々からみれば、その建設計画が決定すれば、莫大な政府の交付金が支給されることになる等のメリットがあって、町の財政は豊かになり、その結果とし

て、地方自治体としては道路の整備や福祉関係等々といった施策を積極的に進めることが出来ると言うような面において、意味のあることだと理解することができます。しかし、一方においては、自然破壊が起こされると危惧する側面もある訳なのであります。

　このような揺れ動く地元民たちの感情を抱えながら、中国電力は平成６年に、原子力発電所の建設を前提として立地環境の調査を開始したのでありました。

　そしてその調査の結果を踏まえ、平成８年（１９９６年）１０月２２日に、山口県知事は中国電力からの申請を受けた上で、原子力発電所の建設用地造成のための公水面の埋め立てに対して、免許の交付を行ったのでありました。これによって、ついに原子力発電所建設のための準備工事が動き出しました。

　一方、中国電力は平成２１年（２００９年）１２月１８日、経済産業大臣に対し上関原子力発電所１号機の設置許可申請を行ったのであります。また、それに伴って、地元の上関町に対して原子力発電所の立地について申し入れを行いました。

3　その後の状況

　ところが、この原子力発電所の建設計画に対しては、以下のように、さらに幾つかの問題が浮上してきたのであります。
①　神社地の売却問題
　原子力発電所施設の建設予定地内に四代八幡宮があり、その用地を原発用地に転用する手続きに際し、宮司の解任騒動が生じた。
②　入会権訴訟問題

入会地を原子力発電所の用地として売却する際に、入会権の問題をめぐり、地元民の間で騒動が生じ、それが訴訟問題化した。

③　工事妨害損害賠償訴訟

　中国電力の作業船に対し、祝島の住民ら4人が不法な妨害行動を行ったとして、それが山口地方裁判所に提訴された。

④　その他の障害案件

　自然保護団体によって、スナメリなどの希少生物の保護を求めた「自然の権利」に関する訴訟が起こされた。

　そして、これら諸般の事情を踏まえ、中国電力は、その後にこの上関原子力発電所の建設計画に関わる準備等の工事を中断することを改めて公表しました。そして、その状況と言うものは現在においても継続されているもののようであります。

その5　原発再稼働反対運動

1　原発問題の特殊性

　原子力発電所に関わる反対運動と言うと、前述までの事例で紹介したように、発電所の建設予定地域や、稼働中の原子力発電所に向けた抑圧的な闘争行動をイメージしがちですが、ここで申し上げたいのは、原子力発電に対して行う中央政権の施策に対し、その施策への批判を狙いとして繰り出されるような、政治色の強い原発反対運動のことであります。

　そして、付け加えて申し上げたいのは、日本で最初の原子力発電所が運転を開始してから、すでに半世紀以上が経過している、この原子力発電と言う特定の産業活動に対し、長期に亘って執拗に反対運動が繰り広げられていることが、原子力発電と言うものが、如何に特殊な要素を帯びた企業活動であるかと言うことと、如何に政治色によって染められた産業であるのかと言うことであります。

2　最近における原発反対運動

　原子力発電に対する日本の反対運動においては、過去に二度ほどその盛り上がりを見せた時期がありました。一度目は、アメリカのスリーマイル島原子力発電所において放射能拡散事故があった、昭和５４年（１９７９年）のことであり、二度目は、ウクライナ共和国のチェルノブイリ原子力発電所において、大規模な放射能の拡散

事故があった昭和61年（1986年）のことでありました。

　しかし、平成23年（2011年）に、東京電力福島第一原子力発電所において建屋が爆発し、周辺地域一帯に大規模な放射能拡散事故が生じることになった昭和61年（1986年）以降においては、これまでのような眼に見える形態による原発反対運動と言うものは、全く見ることが無くなってしまいました。その理由の一つは、福島原発事故の発生直後から最近に至るまで、原子力規制委員会による政治的な判断によって、多くの原子力発電所が長期に亘って停止を余儀なくされていたからなのであります。

　それでは、いわゆる原発反対運動と言うものが鎮火しつつあるのかと言うと、実はそうではないと申し上げます。

　現在（福島原発事故以降）の規制・制度においては、既設の発電所にまで逆登って、設備自体の安全性能をより一層向上すべく、各種の技術基準の見直しに伴う、安全対策設備等の増強工事が行われていますが、一方、原子力発電所の稼働に対しては、たとえ万一の事故の際であっても、一定範囲に居住する周辺住民を適切に避難させることが出来る、と言うことが担保されなければならないことになっています。そして、この条件を整えるためには、避難のためのルートの整備と、避難先での施設の確保とが必要であります。さらにまた、その整備の責任は、避難を要する地域内の自治体それぞれが負うのでありますが、実は、それは決して簡単なことではないのであります。何故かと言うと、その避難計画を、各自治体が、それぞれ、各自の議会に諮った上で決定をして行かなければならないからなのであります。

　その意味で、この条件をクリヤーできるかどうかは、それぞれの

行政区の首長の力量にかかっています。そして、その進展の状況等
を、期待を込めて見守っているのが保守派であり、懐疑的な見方に
立って見守っているのが革新派であると思われます。

3　福島原発事故がもたらした意味

　東日本大震災によって、東京電力福島第一原子力発電所が放射能
拡散事故を生じさせてしまったことは、誠に遺憾の限りであります
が、一方、このことは、改めて日本の原子力政策を根底から見直す
と言う意味において、良い機会となりました。
　その要点をまとめると、以下のようなことになります。
①　原子力発電所の設置基準は、大規模な自然災害及びテロ活動等
　をも想定した、総合的なものとする。
②　保安措置の対象にはシビアアクシデントへの対策を含め、施設
　の保全対策はこれに応じた技術基準によって行う。
③　許可を得てすでに稼働している原子力施設に対しても、あらた
　めて新基準を適用する。（バックフィット制度と言う）

　この新しい規制基準は平成２５年７月に施行されており、これに
対するシビアアクシデント等に対する対策工事は、その工事計画の
認可から５年以内に必要な整備を終えることとされました。
　そして、原子力発電に対して懐疑的な見方をしている人達は、こ
の新基準に基づくその後の成り行きを、じっと見守っていると言う
ことであります。

おわりに

本書は、明治維新以降の日本において、社会に大きな衝撃をもたらした事件や出来事を拾い集め、現代の我々の価値判断であっても理解できるような視点に立って解説を行ったものであります。

　元々、筆者は原子力発電事業の関係者でありましたが、では門外漢である筆者が、なぜこのような本を書こうとしたのかと言いますと、それは、最近まで誰もが、今後とも基幹産業的な役割を果して行くであろうと想像していた原子力発電が、１０年ほど前に生じた東日本大震災によって、見事なまでにその座をすべり落ちる結果となり、今後は、これまで思われていたような前広な展望を描くと言うことが殆んど無理ではないか、と思われる状況にまで追い込まれてしまったことについて、「そんな筈ではなかった」と、いろいろ思いを巡らせている最中、ある時突然に、それが時代の流れと言うものの定めではないのか、と言う風に感じられるようになったからなのであります。

　このような思いをより一層強くし、そして、更に考え込んだ末に思い付いたのが、これまでの時代の流れ、言い換えれば時代を変えるエポックが何であったか、また、それに対して人々はどのように対応し、乗り越えて行ったのか、と言うことをもっと良く知らなければならないと言うことでありました。そして、その思いを抱えて踏み込んだのが、本書の執筆でありました。考えてみれば不思議な因縁によって辿り着いた着想ではありました。

　そのような次第により、本書の執筆を終えるにあたっては、一言申し添えたいことがあります。それは、要するに本書は次のような点に関心をもって作成されたと言うことであります。

① その時代に応じて、どのような問題が生じ、それに関係した人たちは、それにどのように対応してきたかを知ること。
② 社会的な環境がもたらす人間組織の怨嗟と言うものは、実社会においてどのような影響を持ち得るものかを知ること。

　従って本書は、このような意識を持ちながら、それぞれの時代に応じ、色々な角度からの命題を集めて、その事実関係とその当時における社会への影響に関する課題について着目し、それを出来る限り平易に記述したつもりであります。そのため、本書において収録した個々の事柄については、当時における日本の歴史をある程度は知っておられる方であっても、その背景や、事件の因果関係などについて再確認したいと思われる立場の方にとっては、適度に掘り下げられたものではないかと思うところであります。

　従いまして、本書は、近代日本を裏側から見たところの日本史と言うような特色のものでもありますので、そのような意味において社会人のための教養書として、また学生の皆様方への参考書として多くの皆様にご活用が頂けるようであれば、執筆者としては大変に有難く思うところでございます。

　なお、本書の作成に当りましては、かなりの部分について「ウィキペディア」資料を参照させて頂きましたことを明らかにし、あらためて同社にお礼を申し上げる次第でございます。

参考文献一覧

① フリー百科事典「ウィキペディア」

② フリー辞書　　「weblio」

③ 三島理沙作　　彩霞園柳香「蓆旛群馬嘶」

④ 帝国書院図説　「日本史通覧」

著者の略歴

① 氏名　　　　中島　武久

② 生年月日　　昭和18年4月3日

③ 住所　　　　茨城県ひたちなか市

④ 職歴　　　　日本原子力発電(株)

　　　　　　　総合研修センター主席講師その他

近代日本における　民衆による闘争の歴史

2021年7月4日　初版第1刷発行

著　者　中島　武久（なかじま・たけひさ）

発行所　ブイツーソリューション

　　　　〒466-0848 名古屋市昭和区長戸町4-40

　　　　電話 052-799-7391　Fax 052-799-7984

発売元　星雲社（共同出版社・流通責任出版社）

　　　　〒112-0005 東京都文京区水道1-3-30

　　　　電話 03-3868-3275　Fax 03-3868-6588

印刷所　藤原印刷

ISBN 978-4-434-29148-7